C. S. Lewis

Dienstanweisung für einen Unterteufel

Neu übersetzt

Der Autor

Clive Staples Lewis, geboren 1898 in Belfast (Nordirland), erlebte den 1. Weltkrieg als Soldat an der Front und wurde schwer verwundet. Auf sein anschließendes Studium der alten Sprachen sowie der klassischen und englischen Philosophie und Literatur folgte eine akademische Karriere in Oxford und Cambridge, wo er zur englischen Literatur und Philosophie des Mittelalters und der Renaissance forschte. Zu seinem Freundeskreis in Oxford zählten auch J. R. R. Tolkien und die Schriftstellerin Dorothy L. Sayers.

Heute ist Lewis vor allem für sein schriftstellerisches Werk weltbekannt: Neben seiner wissenschaftlichen Tätigkeit schrieb er u.a. Gedichte, Science-Fiction-Romane und die Kinderbuchreihe „Die Chroniken von Narnia". Aufgrund seiner weltberühmten apologetischen Werke „Pardon, ich bin Christ" und „Dienstanweisung für einen Unterteufel" gilt C. S. Lewis heute als „Apostel der Skeptiker". Lewis starb 1963 in Oxford.

C. S. Lewis

Dienstanweisung für einen Unterteufel

Neu aus dem Englischen übersetzt von
Pia-Elisabeth und Peter Leuschner

HERDER

FREIBURG · BASEL · WIEN

Seitens der Übersetzer:
Für Monica Leuschner (1937–2015)

Titel der Originalausgabe: *The Screwtape Letters* by CS Lewis First published by Geoffrey Bles in 1942. Published by Collins in 1957.

Umschlagmotiv und -gestaltung: Verlag Herder
Satz: ZeroSoft SRL
Herstellung: GGP Media GmbH, Pößneck

Printed in Germany
ISBN: 978-3-451-03307-0

Doctor Luther sagte,
wenn er des Teufels mit der heiligen Schrifft und mit ernstlichen worten nicht hette
können loswerden, so hette er in offt mit spitzigen worten und lecherlichen bossen vertrieben.

aus: Joannis Aurifaber, *Luthers Tischreden*, 1566

Der Teufel …, der hoffärtige Geist, kann es nicht ertragen, verlacht zu werden.

aus: Thomas Morus, *A Dialogue of Comfort Against Tribulation*, 1534

Vorwort

Ich habe nicht die Absicht zu erklären, wie die Korrespondenz, die ich nun der Öffentlichkeit übergebe, in meine Hände gelangt ist.

Es gibt zwei entgegengesetzte – und im Ergebnis gleichwertige – Arten von Irrtümern, in die unsere menschliche Spezies im Hinblick auf Teufel verfallen kann: entweder nicht an deren Existenz zu glauben – oder an sie zu glauben und ein übermäßiges und ungesundes Interesse an ihnen zu entwickeln. Die Teufel selbst freuen sich über beide Verirrungen gleichermaßen und begrüßen einen Materialisten ebenso euphorisch wie einen Okkultisten. Die Art von Schreiben, wie sie in diesem Buch verwendet wird, kann sich leicht jeder aneignen, der mal auf den Trichter gekommen ist; aber übelsinnige und reizbare Menschen, die davon vielleicht unguten Gebrauch machen, sollen den Zugang von mir nicht lernen.

Als Ratschlag an die Leser: Sie sollten nicht vergessen, dass der Teufel ein Lügner ist. Nicht alles, was Malfluenzer sagt, sollte für bare Münze genommen werden, nicht einmal aus seiner Sicht. Ich habe nicht versucht, irgendeine der Personen, die in den Mailinstruktionen erwähnt werden, zu identifizieren. Aber ich halte es für sehr unwahrscheinlich, dass die Darstellungen – etwa der Mutter des Klienten oder von Pfarrer Haknagl – völlig gerecht sind. Wunschdenken gibt es in der Hölle wie auf Erden.

Schließlich sollte ich anfügen, dass kein Versuch unternommen wurde, die Chronologie der Instruktionen zu klären. Etwa Nr. 17 scheint geschrieben zu sein, bevor die Situation der Lebensmittelrationierung ernst wurde; aber generell scheint der diabolische Datierungsmodus keinerlei Bezug zur irdischen Zeitrechnung zu unterhalten – und ich habe nicht versucht, ihn nachzubilden. Die Entwicklungen des Weltkriegs waren, abgesehen davon, dass sie sich zeitweise auf die spirituelle Verfassung eines einzelnen Menschen auswirkten, für Malfluenzer offenbar von keinerlei Interesse.

C. S. Lewis
Magdalen College, Oxford,
5. Juli 1941

1. ⊠ Immer das „wirkliche Leben“: Mittagessen, Bus, Zeitung etc.

Lieber Warzwurm,

was Du so darüber berichtest, wie Du die Lektüren Deines Klienten steuerst und dafür sorgst, dass er oft mit seinem materialistischen Freund zusammen ist, habe ich vermerkt. Aber bist Du da nicht etwas naiv?

Du meinst wohl, so hört sich's an, *Argumente* könnten ihn von den Klauen des FEindes fernhalten. Das wäre vielleicht vor ein paar Jahrhunderten so gewesen, als die Menschen noch recht klar wussten, wann eine Sache bewiesen war und wann nicht, und das einmal Bewiesene auch tatsächlich glaubten. Sie brachten das Denken noch mit dem Handeln zusammen und waren bereit, ihr Leben zu ändern infolge einer Reihe von Vernunftüberlegungen. Aber das haben wir mit Hilfe der heutigen Medien und anderer solcher Waffen weitgehend geändert.

Dein Klient ist seit seiner Kindheit gewöhnt, Dutzende unvereinbarer Philosophien in seinem Kopf herumtanzen zu haben. Diese Weltsichten denkt er nicht in erster Linie als „wahr" oder „falsch", sondern als „akademisch" oder „praktisch", „out" oder „angesagt", „lasch" oder „geil". Gängige Reizworte und Redensarten – nicht Argumente – sind Deine besten Verbündeten, um ihn von der Kirche fernzuhalten. Verlier keine Zeit mit dem Versuch, ihn denken zu lassen, dass der Materialismus *wahr* sei! Lass ihn denken, dass er stark ist oder krass oder cool und dass er die Philosophie der Zukunft ist. Das ist es, worauf er Wert legt.

Das Problem am Argumentieren ist, dass es die ganze Auseinandersetzung auf das Feld des FEindes verschiebt. Argumente kann ER auch. In wirklich zielführender Propaganda, wie ich sie vorschlage, zeigt sich dagegen seit Jahrhunderten: ER ist Unserem Vater Im Abgrund weit unterlegen.

Allein durch das Argumentieren weckst Du die Vernunft Deines Klienten. Und ist sie einmal wach, wer kann dann die Konsequenzen absehen? Selbst wenn Du einzelne Gedankengänge zu unserem Vorteil drehen kannst, am Ende merkst Du, dass Du Deinen Klienten bloß in der fatalen Angewohnheit bestärkt hast, sich mit großen allgemeinen Fragen zu beschäftigen und seine Aufmerksamkeit von der Flut unmittelbarer Sinneseindrücke abzuziehen. Deine Aufgabe ist vielmehr, ihn ganz darauf fixiert zu halten. Bringe ihm bei, diesen Wahrnehmungsstrom „das wirkliche Leben" oder „real life" zu nennen – und lass ihn sich nie fragen, was er unter „wirklich" versteht.

Bleib Dir immer bewusst: Er ist nicht wie Du ein reiner Geist. Da Du nie Mensch warst (ach, der infame Vorteil des FEindes!), kannst Du Dir nicht vorstellen, wie sehr die menschliche Spezies dem Druck des Alltäglichen unterworfen ist.

Ich hatte mal einen Kunden, einen soliden Atheisten, zu dessen Gewohnheiten zählte, in der Bibliothek des British Museum zu lesen. Eines Tages – er saß gerade wieder dort im Lesesaal – merke ich, wie einer seiner Gedankengänge falschzulaufen beginnt. Natürlich ist der FEind sofort bei ihm – und ehe ich überreiße, wie mir wird, sehe ich zwanzig Jahre meiner

Arbeit schon fast wegbröckeln! Wenn ich da den Kopf verloren hätte, wenn ich mit Argumenten zu kontern versucht hätte, wäre ich geliefert gewesen. Aber so dumm war ich nicht.

Ich nutzte sofort den Teil in meinem Mann, den ich am besten kontrolliere, und flüsterte ihm ein, es sei doch gerade jetzt Zeit fürs Mittagessen. Der FEind machte vermutlich einen Gegenvorschlag (Du weißt, dass man nie ganz mitkriegt, was ER ihnen sagt?): Die Sache sei doch wichtiger als ein Mittagessen. Zumindest nehme ich an, dass das in etwa Seine Richtung war, denn als ich anfügte: „Genau! Viel zu wichtig, um sie am Ende eines Vormittags noch anzugehen", hob sich die Laune des Klienten beträchtlich, und als ich hinzusetzte: „Viel besser, hernach zurückkommen, und sie mit gestärkten Kräften angehen", da war er schon halb auf dem Weg zur Tür.

Und einmal auf der Straße – war der Kampf gewonnen. Ich zeigte ihm die Mittagszeitung und einen Bus Nr. 73, der gerade vorbeikam, und bevor er am unteren Ende der Treppe angekommen war, hatte ich ihn unumstößlich davon überzeugt, dass – welche merkwürdigen

Gedanken einem auch immer kommen, wenn man so in Büchern abgeschottet ist – eine gesunde Portion von „wirklichem Leben" (er meinte Zeitung und Bus) reiche, um zu zeigen, dass „diese Art von Zeug" schlicht nicht wahr sein kann. Er war sich bewusst, nur knapp davongekommen zu sein, und sprach in späteren Jahren gern von „jenem übersprachlichen Sinn für die Realfaktizität, der unser bester Schutz vor den Verirrungen des bloß Logischen ist". Er ist nun wohlverwahrt im Hause Unseres Vaters.

Fängst Du an zu kapieren? Dank gewisser Prozesse, die wir schon vor Jahrhunderten gestartet haben, finden die Menschen es schlichtweg unmöglich, an das Unvertraute zu glauben, während sie das Vertraute vor Augen haben. Darum muss man ihnen immer und vor allem das *Alltagsgewöhnliche* aufs Auge drücken! Vor allem, versuche nicht, die Wissenschaften (ich meine: genuine wissenschaftliche Forschung) als Abwehrstrategie gegen das Christentum ins Feld zu führen. Das wird ihn zwangsläufig nur animieren, über Wirklichkeiten nachzudenken, die er nicht anfassen oder sehen kann. Da gibt es traurige Fälle unter den modernen Naturwissenschaftlern …

Wenn er sich schon mit den Wissenschaften beschäftigen muss, halte ihn bei Wirtschaft und Soziologie. Lass ihn keinesfalls weg von jenem unschätzbaren „wirklichen Leben“. Doch am besten lass ihn gar nichts Wissenschaftliches lesen, sondern die grandiose allgemeine Überzeugung hegen, dass er ohnehin Bescheid weiß, und dass das, was er beiläufig in Medien und Unterhaltungen aufgeschnappt hat, der aktuelle Forschungsstand ist.

Denk daran: Du bist da, um ihn zu verwirren. Nach der Art, wie einige von Euch Jungspund-Ungeistern reden, möcht' man fast denken, unser Job sei es, die Menschen gescheiter zu machen!

LG, Onkel Malfluenzer

2. ✉ Wir kriegen ihn bei den Kirchgängen dran!

Lieber Warzwurm,

schwer missbilligend erfahre ich: Dein Klient ist Christ geworden. Mach Dir keine Hoffnung, dass Du den üblichen Sanktionen entgehen wirst, was Du Dir aber – hoffe ich – in Deinen besseren Momenten nicht einmal wünschst. Inzwischen müssen wir das Beste aus der Sachlage machen. Verzweifeln müssen wir noch nicht. Hunderte dieser erwachsenen Konvertiten konnten nach kurzem Aufenthalt im FEindeslager zurückgewonnen werden und sind nun mit uns. Alle Gewohnheiten Deines Klienten, geistige wie körperliche, kommen uns nach wie vor entgegen.

Eine unserer großen Verbündeten ist gegenwärtig die Kirche selbst. Versteh mich nicht falsch. Ich meine nicht die Kirche, wie wir sie sehen: in ihrer immer weiteren Ausbreitung durch alle Raumzeit, mit Wurzeln in der Ewigkeit – eine schreckerregende Streitmacht unter

Kriegsflaggen. Das ist zugegebenermaßen ein Szenario, das unsere schneidigsten Versucher verunsichert. Glücklicherweise ist es aber für diese Menschen weitgehend unsichtbar.

Alles, was Dein Klient sieht, ist der pseudogotische Kirchen-Rohbau in der neuen Wohnsiedlung. Wenn er hineingeht, trifft er den Metzger von nebenan mit einem schwartenglatten Gesichtsausdruck, der ihm beflissen ein speckiges Buch mit einer Liturgie in die Hand drückt, die keiner von beiden versteht, und dazu eine abgegriffene Broschur mit einer Reihe von Liedtexten – überwiegend schlechten –, durch Vervielfältigung entstellt und sehr klein gedruckt.

Wenn er in seiner Kirchenbank ankommt, sieht er ringsum gerade diejenigen seiner Nachbarn, denen er bisher sorgfältig ausgewichen ist. Vor allem auf sie musst Du setzen. Lass seine Gedanken hin- und herschwirren zwischen einem Wort wie „der Leib Christi" und den Gesichtern der Anwesenden in der nächsten Bank. Es spielt natürlich keinerlei Rolle, wer da tatsächlich sitzt. Vielleicht kennst Du einen von ihnen sogar als großen Streiter auf der Seite des FEindes. Irrelevant. Dein Klient – Unserem Vater Im Abgrund sei Dank! – ist ein Idiot. Vorausgesetzt nur, einer dieser Nachbarn singt falsch oder trägt knarzende Schuhe oder hat ein Doppelkinn oder ist schräg angezogen, dann wird Dein Klient geneigt sein zu denken, dass auch ihr Glaube etwas Lächerliches hat.

In seinem gegenwärtigen Zustand geistert nämlich eine Vorstellung von „Christen" in seinem Kopf herum, die er für spirituell hält, die aber tatsächlich vor allem pittoresk ist. Sein Kopf ist voll von Togen und Sandalen und Waffen und nackten Unterschenkeln. Die bloße Tatsache, dass die Leute in der Kirche moderne Kleidung tragen, bereitet ihm echte Probleme, natürlich unterbewusste. Lass sie ihm niemals ins Oberbewusstsein dringen. Lass ihn sich nie fragen, wie die Leute denn sonst hätten aussehen sollen. Halte seine Vorstellungen jetzt nebulös – und Du kannst Dich dann für alle Zeit der Ewigkeit damit amüsieren, ihm jene besondere Form der Klarheit zu verschaffen, die die Hölle bereithält.

Arbeite also hart auf die Enttäuschung oder den Absturz hin, die wahrscheinlich nach seinen ersten Wochen als Kirchgänger eintreten.

Diese Enttäuschung lässt der FEind selbst zu – wann immer Menschen an der Schwelle zu etwas Neuem stehen. Sie widerfährt jedem, der sich als Kind für das Hörspiel mit den Abenteuern des Odysseus begeisterte, und sich nun hinhockt, um Altgriechisch zu lernen. Sie stellt sich ein bei Liebenden nach der Hochzeit, wenn sie – als die tatsächliche Herausforderung – das Zusammenleben lernen müssen. In allen Lebensbereichen markiert Enttäuschung den Übergang vom Erträumen zu mühseligem Tun.

Der FEind nimmt dieses Risiko in Kauf, weil ER sich kurioserweise einbildet, aus diesem abstoßenden Menschengewürm das zu machen, was ER „frei Liebende und Dienende" nennt – „Kinder" ist das Wort, das ER gebraucht, in Seiner eingefleischten Liebe, die gesamte geistige Welt durch unnatürliche Verbindungen mit den zweibeinigen Tieren zu entwürdigen. Weil ER ihre Freiheit will, weigert ER sich, sie allein durch Stimmungsimpulse und Gewohnheiten zu irgendeinem der Ziele zu bringen, die ER ihnen gesetzt hat. ER überlässt es ihnen, das selbst zu schaffen. Und hier liegt unsere Chance, aber – denk daran – auch unser Risiko. Wenn sie diese anfängliche Durststrecke erfolgreich hinter sich bringen, werden sie unabhängiger von Gefühlen und sind viel schwerer in Versuchung zu führen.

Bislang bin ich davon ausgegangen, dass die Leute in der nächsten Kirchenbank keinen *rationalen* Grund für eine Enttäuschung bieten. Freilich, wenn sie es tun – wenn etwa Dein Klient weiß, dass die Frau mit dem absurden Hut spielsüchtig ist oder der Mann mit den knarzenden Schuhen ein Geizhals und Kreditwucherer –, dann ist Deine Aufgabe umso leichter. Dann brauchst Du von Deinem Kunden nur die Frage fernzuhalten: „Wenn ich, so wie ich bin, mich in gewisser Hinsicht für einen Christen halten kann, warum sollten dann die diversen Verfehlungen der Leute in der nächsten Bankreihe ein Beleg sein, dass ihr Glaube bloße Heuchelei und gesellschaftliche Konvention ist?"

Möglicherweise fragst Du: Aber einen so offensichtlichen Gedanken kann man doch sogar vom Verstand eines Menschen unmöglich fernhalten? Doch, Warzwurm, das geht! Manipuliere ihn gekonnt, und der Gedanke kommt ihm nie. Er ist noch nicht annähernd lang genug beim FEind, als dass er schon wahre Demut hätte. Was immer er, selbst auf Knien, über seine eigene Sündhaftigkeit sagt, ist bloß papageienhaft nachgeplappert. Im Grunde glaubt er noch immer, dass er beim FEind eine Menge Bonuspunkte gesammelt hat: weil er sich hat bekehren lassen und weil er schon große Demut und Selbsterniedrigung zeigt, indem er mit diesen „selbstgerechten“ Allerweltsnachbarn überhaupt in die Kirche geht. Halte ihn in diesem Geisteszustand, solange Du kannst.

LG, Onkel Malfluenzer

3. ✉ Konflikttechniken für Anfänger

Lieber Warzwurm,

sehr erfreulich, was Du von dem Verhältnis Deines Klienten zu seiner Mutter schreibst. Aber Du musst Deinen Vorteil nutzen. Der FEind wird sich vom Zentrum auswärts vorarbeiten und nach und nach immer mehr von der Haltung unseres Zielobjekts unter den Einfluss der neuen Maßstäbe bringen – das kann jeden Moment auch auf das Verhalten gegenüber der alten Dame übergreifen. Du musst da in Führung bleiben. Halte engen Kontakt mit dem Kollegen Shlotzkot als Projektverantwortlichen für die Mutter und entwickelt gemeinsam für dieses Haus eine Alltagsatmosphäre von wechselseitiger Genervtheit, täglichen Sticheleien. Folgende Methoden sind dafür nützlich:

1. Halte Deinen Mann auf sein Innenleben konzentriert. Er denkt, seine Bekehrung sei etwas in seinem Inneren, und seine Aufmerksamkeit ist deshalb derzeit ganz auf seine eigenen Gemütszustände gerichtet – oder eher: auf

jene extrem bereinigte Version von ihnen, die allein Du ihm zu sehen erlauben solltest. Ermutige ihn darin. Halte sein Denken von den einfachsten Pflichten fern, indem Du es auf die schwierigsten und spirituellen hinlenkst. Verstärke den allernützlichsten menschlichen Charakterzug: das Offensichtliche zu scheuen und außer Acht zu lassen. Du musst ihn dahin bringen, dass er stundenlange Selbstanalysen treiben kann, ohne auch nur auf irgendeinen der Punkte zu kommen, die jedem völlig klar sind, der je mit ihm unter einem Dach gelebt oder mit ihm zusammengearbeitet hat.

2. Es lässt sich zweifellos nicht verhindern, dass er für seine Mutter betet, aber wir haben Mittel, seine Gebete unschädlich zu machen. Stell sicher, dass sie immer sehr spirituell sind, dass er sich permanent um den Zustand ihrer Seele sorgt und nie um ihr Rheuma.

Daraus ergibt sich ein doppelter Vorteil: Erstens hält das seine Aufmerksamkeit an dem fest, was er als ihre Sünden ansieht – und mit ein wenig Nachhilfe von Dir kann er dazu gebracht werden, all das als ihre Sünden aufzufassen, was ihm lästig oder ärgerlich ist. So kannst Du ihm, noch während er betet, weiter Salz in die täglichen kleinen Wunden reiben; die Operation ist ganz unkompliziert, und Du wirst Dich dabei amüsieren. Und zweitens wird er – da er von ihrer Seele nur eine sehr grobe und vielfach verfehlte Vorstellung hat – gewissermaßen für eine fiktive Person beten. Es wird unsere Aufgabe sein, dafür zu sorgen, dass diese fiktive Person mit jedem einzelnen Tag weniger und weniger Ähnlichkeiten mit seiner realen Mutter hat: der scharfzüngigen alten Dame am Frühstückstisch.

Mit der Zeit kann man die Kluft so erweitern, dass keiner seiner Gedanken und keines seiner Gefühle aus den Gebeten für die imaginäre Mutter jemals Auswirkungen darauf hat, wie er die reale behandelt. Ich habe etliche meiner eigenen Kunden so gut in der Hand, dass sie jeden Moment von glühenden Gebeten für die „Seele" ihrer Ehefrau oder ihres Sohnes dazu umgepolt werden können, die reale Frau oder den realen Sohn skrupellos anzuschreien und zu prügeln.

3. Wenn zwei Menschen viele Jahre lang zusammen unter einem Dach leben, hat gewöhn-

lich jeder von ihnen gewisse Sprechweisen oder Formen der Mimik, die den anderen bis zur Unerträglichkeit nerven. Damit musst Du arbeiten. Mach Deinem Klienten immer wieder die eigentümliche Art bewusst, wie seine Mutter die Augenbrauen hochzieht – was er ja schon als Kleinkind nicht ausstehen konnte –, und lass ihn immer wieder denken, wie sehr er das hasst. Lass ihn annehmen, sie wisse, wie sehr es ihn ärgert und dass sie das absichtlich macht; wenn Du dabei professionell vorgehst, wird er nicht merken, dass er ihr damit etwas enorm Unwahrscheinliches unterstellt. Und natürlich darf er nie ahnen, dass auch er gewisse Arten hat zu reden und zu schauen, die ihr genauso auf die Nerven gehen. Da er sich selbst ja nicht sehen oder hören kann, ist das leicht zu erreichen.

4. In einem zivilisierten Haushalt äußert sich Hass üblicherweise, indem man Dinge sagt, die in geschriebener Form ziemlich harmlos erscheinen würden (nicht die Worte selbst sind kränkend) – nur sagt man sie eben in einem Ton oder in einem Moment, in dem sie fast einem Schlag ins Gesicht gleichkommen. Um dieses Spiel am Laufen zu halten, müssen Shlotzkot

und Du darauf achten, dass jeder der beiden Idioten mit zweierlei Maß misst. Dein Klient muss darauf bestehen, dass alles, was er selbst sagt, rein wörtlich zu verstehen und auch nur zu diesem Nennwert zu nehmen ist, während er jede Äußerung seiner Mutter hypersensibel auf sämtliche potentiellen Konnotationen von Tonfall, Kontext und geargwöhnten Absichten hin interpretiert. Und sie muss umgekehrt zu derselben Haltung gebracht werden. So können beide aus jedem Streit vollkommen (oder fast vollkommen) überzeugt hervorgehen, selbst ganz unschuldig zu sein. Man kennt das ja: „Ich frage sie einfach nur, wann wir abend essen, und sie geht an die Decke." Wenn Ihr diese Gewohnheit mal gut etabliert habt, dann habt Ihr die hinreißende Situation, dass zwei Menschen einander Dinge sagen, mit denen sie unmittelbar Leid zufügen wollen, und sich dann beschweren, dass der andere „immer gleich beleidigt" ist.

Abschließend: Schreib mir von der alten Dame – wie hält sie's mit der Religion? Ist sie wenigstens eifersüchtig auf die neue Dimension im Leben ihres Sohnes? Wenigstens ansatzweise empört, dass er von anderen angenommen hat – und erst so spät –, wofür sie, wie sie denkt, ihm doch die besten Chancen geboten hat, es schon in seiner Kindheit zu lernen? Hat sie das Gefühl, er mache darum sehr viel „Gedöns" – oder dass ihm die Sache zu leicht gemacht wird? Denk an die Beispielgeschichte des FEindes: an das, was der ältere Bruder fühlt, als der Verlorene Sohn heimkehrt und gefeiert wird.

LG, Onkel Malfluenzer

4. ✉ Gebetssabotage (die Basics)

Lieber Warzwurm,

die laienhaften Vorschläge in Deinem letzten Schreiben zeigen mir, dass es höchste Zeit ist, Dich ausführlich über das schmerzhafte Thema Gebet zu informieren. Deinen Kommentar, meine Hinweise zu seinen Gebeten für seine Mutter hätten sich „als extrem unglücklich herausgestellt“, hättest Du Dir sparen können. So etwas schreibt man nicht als Neffe an seinen Onkel – und erst recht nicht als Junior-Versucher an einen stellvertretenden Staatssekretär (Unterabteilung). Es zeigt auch, dass Du einen unguten Hang dazu hast, Verantwortung abzuschieben. Du musst lernen, für Deine Fehler selbst einzustehen.

Am besten hält man seinen Klienten, wo immer möglich, von jeder ernsthaften Absicht zum Beten ganz ab. Wenn er – wie in Deinem Fall – ein frisch wieder zum FEind übergelaufener Erwachsener ist, gelingt das am besten, indem man ihn ermutigt, sich an die papageienhaft nachgeplapperten Gebete seiner Kindheit zu erinnern – oder ihn denken lässt, er habe sie so in Erinnerung. Als Gegenreaktion kann man ihn vielleicht bereden, nach etwas Spontanem, Innigem, nicht Festgelegtem und Unorthodoxen zu suchen. Für einen Anfänger wird das de facto bedeuten, dass er in sich selbst eine vage andächtige Stimmung zu erzeugen versucht, an der echte Sammlung von Willenskraft und Verstand keinen Anteil haben.

Der englische Romantiker Samuel Taylor Coleridge hat in einigen seiner berühmten Verse festgehalten, er habe nicht „mit Lippendienst, gebeugten Knien" gebetet, sondern lediglich „ins Lieben seinen Geist gesammelt" und sich „rein flehender Empfindung" hingegeben. Genau das ist die Art von Gebet, die wir brauchen! Und weil sie eine oberflächliche Ähnlichkeit mit dem stillen Gebet hat, wie es von im Dienst des FEindes weit Fortgeschrittenen praktiziert wird, können schlaue und faule Klienten dafür ziemlich lange begeistert werden. Zumindest kann man sie denken lassen, dass ihre Körperhaltung keinen Einfluss auf ihre Gebete hat; denn sie vergessen stets, woran Du immer denken musst: dass sie Tiere sind und dass all das, was ihr Körper tut, Auswirkungen auf die Seele hat. Es ist kurios, welche Vorstellung sich die Sterblichen immer von uns machen – als geistige Einflüsterer. Tatsächlich leisten wir unsere erfolgreichste Arbeit als mentale Türsteher.

Wenn diese Methode versagt, musst Du auf eine subtilere zurückgreifen, um sein Vorhaben fehlschlagen zu lassen. Wann immer sich Menschen dem FEind selbst zuwenden, machen wir Verluste, aber das kann man verhindern. Das Simpelste ist, ihre Aufmerksamkeit von IHm weg- und auf sie selbst hinzulenken. Halte sie dazu an, sich permanent auf ihren Seelenzustand zu konzentrieren und zu versuchen, darin durch eigene Willensanstrengung Gefühle zu erzeugen. Wenn sie IHn um Nächstenliebe bitten wollen, lass sie stattdessen liebevolle Gefühle für sich selbst generieren und dabei nicht merken, was sie tun. Wenn sie um Mut beten wollen, lass sie de facto versuchen, sich mutig zu fühlen. Wenn sie sagen, dass sie um Vergebung bitten, lass sie versuchen zu fühlen, dass ihnen vergeben worden ist. Bringe ihnen bei, den Wert eines jedes Gebetes daran zu messen, ob sich das gewünschte Gefühl einstellt; und lass sie nie vermuten, dass der Grad, zu dem ihnen das gelingt oder misslingt, maßgeblich davon abhängt, ob sie gerade krank oder gesund, erholt oder gestresst sind.

Der FEind bleibt natürlich in der Zwischenzeit nicht untätig. Wo immer gebetet wird, besteht die Gefahr Seines unmittelbaren Eingreifens. ER ist von einer zynischen Gleichgültigkeit gegenüber Seiner eigenen Würde und der unseren als reine Geister; über menschliche Tiere auf ihren Knien gießt ER in geradezu schamloser Weise Selbsterkenntnis aus.

Aber selbst wenn ER Deinen ersten Irreführungsversuch vereitelt, haben wir raffiniertere Munition. Die Menschen gehen nicht primär von einer unmittelbaren Wahrnehmung Seiner Person aus, was wir zu unserem Leidwesen nicht vermeiden können. Sie kennen diese Erfahrung der entsetzlichen Erleuchtung nicht, das stechende und sengende Licht, das als nie nachlassende Folter den Hintergrund unserer Existenz bildet. Wenn Du Deinem Klienten während seines Gebets in den Kopf schaust, findest Du nichts davon.

Als Gegenstand seiner Zuwendung findest Du stattdessen, bei näherem Hinsehen, ein Sammelsurium aus vielen ziemlich lächerlichen Komponenten, teils Bildern des FEindes aus der anrüchigen Episode Seiner sogenannten Menschwerdung, teils noch verschwommeneren und vielleicht recht primitiven und puerilen Vorstellungen von den anderen beiden PErsonen. Es werden sogar Bilder seiner eigenen Andacht dabei sein (und des sie begleitenden Körpergefühls), die er in Devotionalien verdinglicht und dem Gegenstand seiner Verehrung zuordnet. Ich kenne Fälle, in denen ein Klient das, was er seinen „Gott" nannte, tatsächlich fest verortet hatte – in der linken oberen Ecke des Schlafzimmers oder in seinem Kopf oder im Kruzifix an der Wand.

Aber wie auch immer dieser zusammengestückelte Fetisch geartet ist: Du musst dafür sorgen, dass er *zu ihm* betet, d. h. zu dem Ding, das er sich gemacht hat, statt zu der Person, die ihn geschaffen hat. Du kannst ihn sogar ermutigen, der Korrektur und Verbesserung jenes geklitterten Objekts große Bedeutung beizumessen und es sich während des ganzen Gebets ständig vorzustellen. Denn wenn er je dahin kommt, die Unterscheidung zwischen dem FEind und dem Fetisch zu machen, wenn er je seine Gebete bewusst ausrichtet: „Nicht zu dem, wie ich DICH denke, sondern zu DIR, wie DU bist nach DEINEM eigenen Wissen“, ist unsere Lage für den Moment hoffnungslos. Wenn er einmal alle selbstgemachten Gedanken und Vorstellungen beiseite wirft – oder sich, falls er sie bewahrt, ihrer subjektiven Natur völlig bewusst ist – und wenn er sich *so* der ultimativ wirklichen, unmittelbaren GEgenwart anvertraut, die da mit ihm im selben Zimmer ist, als etwas jenseits seiner eigenen Innerlichkeit und als ein Gegenüber, das nur er nie erkennen kann, wie er von IHm erkannt wird – … ! Dann kann das Unkalkulierbare eintreten. Um diese Situation, dieses völlige Nacktwerden der Seele im Gebet, zu verhindern, wird Dir die Tatsache hilfreich sein, dass die Menschen selbst diese Erfahrung weit weniger wünschen, als sie meinen. So etwas gibt es doch: Dass man mehr bekommt, als womit man rechnete!

LG, Onkel Malfluenzer

5. ✉ Kriegslust und -frust

Lieber Warzwurm,

etwas enttäuschend, einen detaillierten Bericht über Deine Arbeit zu erwarten und stattdessen eine so verschwurbelte Hymne zu bekommen. Du seist „trunken vor Freude", schreibst Du, weil die Menschen in Europa wieder einen ihrer Kriege angefangen haben. Ich sehe sehr klar, was mit Dir passiert ist. Du bist nicht ‚trunken', du bist bloß blau wie eine Strandhaubitze.

Wenn ich in Deinem äußerst schwankenden Bericht von der schlaflosen Nacht Deines Klienten zwischen den Zeilen lese, kann ich Deinen geistigen Zustand ziemlich exakt rekonstruieren. Erstmals in Deiner Laufbahn hast Du den Wein geschmeckt, der unser Arbeitsentgelt ist – die Angst und Verwirrung menschlicher Seelen –, und das ist Dir zu Kopf gestiegen. Ich kann Dir das kaum vorwerfen. Ich erwarte keine reifen Köpfe auf unerfahrenen Schultern.

Hat der Klient auf einige Deiner Zukunftshorrorszenarien reagiert? Hast Du einige gute selbstmitleidige Erinnerungen an die glückliche Vergangenheit eingearbeitet – einige feine Schauer in seiner Magengrube, gab's die? Du hast Dein Programm doch gut eingespielt, oder? Gut, gut, das ist alles sehr natürlich.

Aber vergiss nicht, Warzwurm: Erst die Pflicht, dann das Vergnügen. Falls wir die Beute aufgrund irgendeiner aktuellen Nachlässigkeit Deinerseits letztlich verlieren, dann werden Dir ewig die Hände zittern nach dem „besonderen Saft", von dem Du jetzt nur das erste Schlückchen genießt. Wenn Du uns dagegen durch stetigen Einsatz und akkurate Kalkulation im Hier und Jetzt diese Seele am Ende sichern kannst, dann gehört sie zeitlos Dir: ein lebendiger, randvoller Pokal voll Verzweiflung und Schrecken und Verwunderung, an dem Du Dich besaufen kannst, wann immer es Dir Spaß macht.

Also lass Dich nicht durch irgendeine zeitweilige Euphorie von Deiner wahren Aufgabe ablenken: Unterminierung seines Glaubens und Prävention der Herausbildung von Tugenden.

Dein nächstes Schreiben ist unbedingt ein detaillierter Bericht darüber, wie Dein Klient auf den Krieg reagiert, sodass wir überlegen können, ob Du mehr ausrichten kannst, wenn Du ihn zu einem extremen Patrioten oder einem glühenden Pazifisten machst. Da gibt es alle Arten von Möglichkeiten. Einstweilen muss ich Dich warnen: Erhoffe nicht zu viel vom Krieg!

Natürlich ist ein Krieg lustig. Die unmittelbare Angst und das Leiden der Menschen ist eine legitime und angenehme Erfrischung für unsere Myriaden von Werktätigen. Aber welchen langfristigen Wert hat er, wenn wir ihn nicht nützen, um Seelen für Unserem Vater Im Abgrund zu rekrutieren? Wenn ich zeitliches Leiden von Menschen sehe, die uns am Ende doch entgehen, komme ich mir vor, als hätte ich das Amuse-Gueule eines Festbanketts serviert bekommen – und weiter nichts mehr. Das ist schlimmer, als davon gar nicht gekostet zu haben. Der FEind – immer Seinen barbarischen Kriegführungsprinzipien treu – erlaubt uns das kurze Elend Seiner Lieblinge nur deshalb anzusehen, um uns zu foltern und zu quälen, um sich über den unablässigen Hunger lustig zu machen, den Seine Blockade zum gegenwärtigen Zeitpunkt des Großen Konflikts uns zugegebenermaßen aufzwingt.

Denken wir also besser darüber nach, wie wir diesen Weltkrieg nützen, als wie wir ihn genießen können. Denn er hat gewisse Tendenzen, die – für sich genommen – keineswegs zu unserem Vorteil sind. Wir können auf ein hübsches Maß an Grausamkeit und Unzucht hoffen. Aber wenn wir nicht achtgeben, müssen wir zuschauen, wie sich Tausende in dieser Bedrängnis dem FEind zuwenden, während zehntausend andere, die zwar vielleicht nicht so weit gehen, doch von sich selbst abgelenkt werden und hin zu Werten und Anliegen, die sie ihrem individuellen Selbst überordnen.

Ich weiß, der FEind missbilligt viele dieser Anliegen. Aber das ist einer der Punkte, in denen ER so unfair ist. ER erbeutet oft Menschen, die ihr Leben für eine Sache geopfert haben, die ER nicht für gut hält, mit der ungeheuer sophistischen Begründung, dass die Menschen selbst sie für gut hielten und dem Besten gefolgt sind, was ihnen eben bewusst war.

Und denk auch an all die unerwünschten Todesfälle in Kriegszeiten. Menschen krepieren in Situationen, um deren Todesgefahren sie wissen, und in die sie, wenn sie überhaupt irgendwie auf Seiten des FEindes sind, vorbereitet hineingehen. Wie viel besser wäre es für uns, wenn sie alle in luxuriösen Altersheimen abkratzen, inmitten von Ärzten, die sie belügen, Pflegepersonal, das sie belügt, Freunden, die sie belügen, wie wir es ihnen antrainiert haben: indem sie den Sterbenden weitere Lebensjahre versprechen, Annahmen bestärken, dass Krankheit jedes Sich-gehen-Lassen entschuldigt, und sogar (wenn unsere Leute ihren Job verstehen) jeden Vorschlag unterdrücken, einen Priester zu rufen. Man darf doch dem armen Kranken nicht seinen wahren Zustand verraten! Und was für ein Desaster für uns ist die unablässige Erinnerung an den Tod, die der Krieg erzwingt. Eine unserer stärksten Waffen, selbstzufriedener Weltgenuss, ist nutzlos! In Kriegszeiten kann nicht einmal ein Mensch glauben, er werde ewig weiterleben.

Ich weiß, dass Morx und andere Kollegen in Kriegen große Chancen für Angriffe auf den Glauben sehen, aber ich halte die Sichtweise für überschätzt. Alle menschlichen Partisanen des FEindes sind klar darüber instruiert, dass Leiden ein wesentlicher Teil dessen ist, was ER Erlösung nennt; sodass ein Glaube, der durch Krieg oder Pandemien zerstörbar ist, den Zerstörungsaufwand nie wirklich wert gewesen sein kann. Ich spreche jetzt von dem diffusen Leiden über längere Zeit, wie es der Krieg hervorbringt. Fraglos, im akuten Moment von Terrorschock, Verlust oder körperlichem Schmerz kannst Du Deinen Mann schnappen, wenn seine Vernunft zeitweilig außer Kraft gesetzt ist. Aber auch dann – so jedenfalls meine Erfahrung – findet seine Sache, wenn er sich an das Hauptquartier des FEindes wendet, fast immer Verteidiger.

LG, Onkel Malfluenzer

6. ✉ Zum Umgang mit Affekten

Lieber Warzwurm,

höchst erfreulich, dass Alter und Beruf Deines Kunden es möglich, aber durchaus nicht sicher machen, dass er zum Kriegsdienst eingezogen wird. Er soll darüber in der größtmöglichen Unsicherheit gehalten werden, sodass sein Kopf von den widersprüchlichsten Zukunftsszenarien geflutet wird und jedes davon Hoffnung oder Furcht auslöst. Es gibt nichts Besseres als Anspannung und Ängstlichkeit, um menschliches Denken gegen den FEind zu verbarrikadieren. ER will Menschen, deren Aufmerksamkeit auf das gerichtet ist, was sie tun; unsere Aufgabe ist es, sie permanent darüber grübeln zu lassen, was mit ihnen geschehen wird.

Dein Klient wird natürlich schon mitbekommen haben, dass er sich mit Geduld in den Willen des FEindes zu ergeben habe. Darunter versteht der FEind in erster Linie, dass ein Mensch die ihm tatsächlich auferlegte Prüfung geduldig tragen soll – und zwar die jetzige Angst und Verunsicherung. Für die soll er sagen „Dein Wille geschehe", und damit er *die* ertragen kann, wird ihm das tägliche Brot gegeben. Deine Aufgabe ist es, dafür zu sorgen, dass der Klient nie seine gegenwärtige Furcht als das ihm auferlegte Kreuz ansieht, sondern einzig die Dinge, vor denen er sich fürchtet. Sie soll er als seine Schicksals-Kreuze deuten, und Du musst ihn vergessen lassen, dass sie ihm, weil sie miteinander unvereinbar sind, ja nicht allesamt zustoßen können. Vielmehr soll er versuchen, ihnen allen gegenüber schon mal im Voraus Standhaftigkeit und Geduld zu üben. Denn echte Ergebung in ein Dutzend verschiedener und hypothetischer Schicksale zugleich ist fast unmöglich. Der FEind steht denen nicht sonderlich bei, die das versuchen. Die Ergebung in gegenwärtiges und tatsächliches Leiden, auch wenn es eben in Angst besteht, fällt viel leichter und ruft Seine Hilfestellung üblicherweise unmittelbar auf den Plan.

Hier kommt ein wichtiges psychologisches und spirituelles Gesetz ins Spiel. Ich habe bereits erklärt, dass Du die Gebete Deines Klienten abschwächen kannst, indem Du seine Aufmerksamkeit umlenkst: von der Person des FEindes weg und hin zu seinen eigenen Geistes- und Gemütszuständen bezüglich des FEindes. Andererseits kann der Klient seine Furcht leichter kontrollieren, wenn er sein Denken vom gefürchteten Ereignis weg- und zu der Angst selbst hinwendet – als einem gegenwärtigen und unerwünschten Zustand im eigenen Inneren. Wenn er nämlich die Angst als das ihm auferlegte Kreuz annimmt, erkennt er sie unvermeidlich als bloßen Gemütszustand.

Man kann daher als Regel verallgemeinern: Bei allen geistigen Vorgängen, die uns günstig sind, muss der Klient ermutigt werden, sich auf den Gegenstand oder Auslöser seiner Gedanken zu konzentrieren, aber in allen Aktivitäten, die die Sache des FEindes fördern, lass ihn auf sich selbst reflektieren. Eine Beleidigung oder ein weiblicher Körper müssen seine Aufmerksamkeit so nach außen ziehen, dass er sich nicht sagt: „Aha, ich gerate jetzt in einen Gemütszustand, der als Zorn zu begreifen wäre bzw. als Geilheit". Umgekehrt soll seine Selbstreflexion „Ich wachse in Demut und Nächstenliebe" so seine Aufmerksamkeit nach innen fesseln, dass er nicht mehr über sich selbst hinaussieht – auf den FEind oder auf seine Nächsten.

Was seine mehr allgemeine Einstellung zum Krieg angeht, darfst Du nicht zu sehr auf die Hassgefühle setzen, wie sie von den Menschen so gern in christlichen oder antichristlichen Medien diskutiert werden. Natürlich kann der Mann in seiner Angst ermutigt werden, sich durch einige Rachegefühle gegen die deutschen Anführer schadlos zu halten, und das ist gut, soweit es eben reicht. Aber derlei ist gewöhnlich nur ein melodramatischer und mythischer Hass auf fiktive Sündenböcke. Diese Leute hat er in der Realität nie getroffen, sie sind Marionetten, die er sich aus Medieninformationen zusammengebastelt hat. Die Resultate von solchem eingebildeten Hass sind oft höchst enttäuschend, und die Menschen hierzulande die erbärmlichsten Schlappschwänze von allen. Sie sind von der jämmerlichen Art, die laut hinausposaunt, Folter sei noch zu milde für ihre Feinde, und die dann Tee und Zigaretten an den ersten verwundeten feindlichen Piloten austeilen, der an ihrer Hintertür auftaucht.

Du kannst machen, was Du willst, es wird immer Gutes und Böses in der Seele Deines Klienten geben. Der Clou ist, die Bosheit auf seine unmittelbaren Nächsten zu lenken, die er jeden Tag trifft, und seine Güte auf eine entfernte Kreisbahn zu schicken – hin zu Leuten, die er nicht kennt. So erreicht die Bosheit volle Wirklichkeit, und die Güte bleibt weitgehend imaginär. Es ist völlig nutzlos, seinen Hass auf die Deutschen zu bestärken, wenn zugleich ein schädlicher Hang zur Nächstenliebe zunimmt – gegenüber seiner Mutter, seinem Arbeitgeber oder dem Mann im Vorortzug.

Denke Dir Deinen Klienten als eine Anordnung konzentrischer Kreise: der innerste Kreis ist sein Wille, der nächste sein Intellekt und der äußerste seine Phantasie. Du kannst kaum hoffen, sämtliche Kreise auf einmal von allem zu säubern, was nach dem FEind riecht. Aber Du musst trotzdem immer weiter versuchen, alle seine Tugenden nach außen zu schieben, bis sie am Ende in der Phantasie verortet sind, und alle seine für uns wünschenswerten Eigenschaften nach innen zu verlagern, in seinen Willen. Nur wenn sie den Willen erreichen und dort die Form einer Gewohnheit annehmen, sind auch die Tugenden für uns effektiv fatal. (Dabei rede ich natürlich nicht von dem, was der Klient selbst als seinen Willen missversteht, das Bewusstseins-Auf-und-Ab seiner Entschließungen oder zusammengebissene Zähne, sondern das wahre Zentrum, das der FEind das Herz nennt.) Jede Menge Tugenden, in der Phantasie ausgemalt oder intellektuell gutgeheißen oder sogar in gewissem Maße geliebt und bewundert, bewahren einen Menschen nicht vor dem Reich Unseres Vaters – im Gegenteil, sie machen seine Ankunft hier amüsanter.

LG, Onkel Malfluenzer

7. ⊠ Patriotismus oder Pazifismus – was bringt mehr?

Lieber Warzwurm,

etwas befremdet lese ich Deine Frage: Ob es wichtig sei, den Klienten über Deine Existenz im Unklaren zu lassen? Dazu gibt es, zumindest für die gegenwärtige Phase unseres Kampfes, vom Oberkommando eindeutige Direktiven. Unsere Strategie – für jetzt – ist, undercover zu bleiben.

Natürlich war das nicht immer so. Wir stecken da in einem recht grausamen Dilemma. Wenn die Menschen nicht an unsere Existenz glauben, verlieren wir all die erfreulichen Resultate direkten Terrors und rekrutieren keine Satanisten. Andererseits: Wenn die Menschen an uns glauben, sind sie nicht zu Materialisten und Skeptikern zu machen. Jedenfalls nicht jetzt. Ich setze große Hoffnungen darauf, dass unsere Forschung uns zu gegebener Zeit das Know-how verschafft, wie wir ihre Wissenschaft so weit emotionalisieren und mythologisieren können, dass wir sie mit etwas, das im Endeffekt ein Glaube an uns ist (nur unter anderem Namen), unterwandern können, während das menschliche Denken einem Glauben an den FEind verschlossen bleibt. Gewisse Philosophien der ‚Lebenskraft' oder des Vitalismus, die Sexsucht und einige Aspekte der Psychoanalyse können sich hier als nützlich erweisen. Wenn wir irgendwann unser perfektes Werk schaffen können – den satanistischen Materialisten, der, was er vage „(Vital-)Kräfte" nennt, nicht nur gebraucht, sondern richtiggehend verehrt, während er gleichzeitig die Existenz von „Geistern" leugnet –, dann ist der Endsieg in Sicht.

Aber inzwischen sind wir befehlsgebunden. Ich denke, Du wirst es nicht schwierig finden, Deinen Klienten weiter im Dunkeln zu lassen. Dass „Teufel" in der modernen Vorstellung vor allem komische Figuren sind, wird Dir zuarbeiten. Falls ihm der leiseste Verdacht kommt, dass es Dich gibt, weck in ihm die Vorstellung von etwas Rotbestrumpftem mit Hörnchen und Bocksfuß und rede ihm ein, dass er – da er daran nicht glauben kann – folglich auch nicht an Dich glauben kann (ein altes Schulbeispiel, wie man sie irreführt).

Ich habe mein Versprechen nicht vergessen, mir zu überlegen, ob wir Deinen Kunden zu einem extremen Patrioten oder einem extremen Pazifisten machen sollten. Alle Extreme – außer rückhaltloser Hingabe an den FEind – sollten ermutigt werden. Nicht immer natürlich, aber in dieser Phase.

Einige Epochen sind lau und selbstzufrieden. Dann ist es unsere Aufgabe, sie noch nachhaltiger zu sedieren. Andere, unter anderem die gegenwärtige, sind unausgeglichen und neigen zu Fraktionsbildung; dann besteht unser Job darin, sie darin weiter anzuheizen. Jede Kleinklüngelei, jeder Lobbyismus für irgendein Interesse, das andere Menschen nicht teilen oder kennen, entwickelt sich tendenziell zu einer Brutzelle für wechselseitige Bewunderung der Insider und erzeugt nach außen eine Unmenge Stolz und Verachtung, die ohne Hemmungen gepflegt werden, weil „die Sache“ sie stiftet und sie „ja gar nichts Persönliches“ sind.

Das bleibt sogar dann wahr, wenn die Clique ursprünglich den Zwecken des FEindes diente. Wir wollen die Kirche kleinhalten – nicht nur, damit möglichst wenige Menschen den FEind kennenlernen, sondern auch, damit diejenigen, die IHN kennen, die unruhige Intensität und die defensive Selbstgerechtigkeit eines Geheimbundes oder exklusiven Clubs entwickeln. Die Kirche an sich ist natürlich sehr gut befestigt und wird gut verteidigt, und wir haben es nie richtig fertiggebracht, ihr *all* die Charakteristika eines Klüngels zu geben. Aber untergeordnete Fraktionen darin haben oft bewundernswerte Erträge gebracht, von frühchristlichen Splittergruppen über diverse im Mittelalter entstandene Orden und Logen bis zu heutigen Bruderschaften oder einzelnen Bischöfen, die sektiererische Gemeinden begründen.

Wenn Dein Klient dazu gebracht werden kann, ein überzeugter Wehrdienstverweigerer zu werden, dann findet er sich automatisch in einer kleinen, lautstarken, straff organisierten und unpopulären Gemeinschaft wieder, und die Wirkung – zumal bei jemandem, der im Christentum noch so neu ist – ist fast sicher positiv. Allerdings nur *fast* sicher. Hatte er, bevor dieser Krieg begann, ernsthafte Zweifel daran, ob ein Einsatz in einem gerechten Krieg moralisch vertretbar sei? Ist er ein Mann, dem körperlicher Schmerz wenig ausmacht – so wenig, dass ihm keine halbbewussten flauen Gefühle darüber kommen, was möglicherweise die wahren Motive für seinen Pazifismus sind? Kann er, wenn er der Ehrlichkeit gegenüber sich selbst so nahe wie möglich kommt (kein Mensch ist ihr je *sehr* nahe), sich völlig überzeugt fühlen, dass er einzig von dem Wunsch motiviert ist, dem FEind gehorsam zu sein?

Wenn er zu diesem Menschentyp zählt, bringt uns sein Pazifismus wahrscheinlich nicht viel, und der FEind wird ihn wohl vor den üblichen Folgen des Parteigängertums behüten. In einem solchen Fall wäre Deine beste Vorgehensweise, es mit einem Blitzangriff emotionaler Verstörung zu versuchen, aus der er als labiler Konvertit zum Patriotismus hervorginge. Sowas lässt sich oft bewerkstelligen. Aber wenn er der Mann ist, für den ich ihn halte, versuch's mit Pazifismus.

Wofür auch immer er sich entscheidet, Deine Hauptaufgabe bleibt dieselbe: Lass ihn zuerst Patriotismus oder Pazifismus als Teil seiner Religion ansehen, dann – unter dem Einfluss von Partisanenstolz – als deren wichtigsten Teil. Dann päppele ihn leise und allmählich hin zu einem Stadium, in dem die Religion nur mehr ein Teil der „Sache" ist und das Christentum vor allem dafür geschätzt wird, dass es hervorragende Argumente für – wahlweise – den Kriegseinsatz oder den Pazifismus bereithält.

Wogegen Du ihn immunisieren musst, ist eine Haltung, in der er das Zeitliche lediglich als eine Art Werkstoff ansieht, um damit bzw. darin Gehorsam zu üben. Sobald Du es erreichst, dass *die Welt* der Zweck und der Glaube ein Mittel ist, hast Du Deinen Mann fast gewonnen. Dann macht es kaum noch irgendeinen Unterschied, welchen weltlichen Zweck er verfolgt. Solange ihm nur Meetings, Pamphlete, Strategien, Aspekte der „Sache" und Kreuzzüge wichtiger sind als Gebete, Sakramente und Nächstenliebe, gehört er uns – und je glühender er in diesem Sinne „religiös" ist, desto sicherer. Davon kann ich Dir hier unten einen hübsch gerammelten Pferch voll zeigen.

LG, Onkel Malfluenzer

8. ☒ Gefahren der Durststrecke

Lieber Warzwurm,

soso – Du hast also „große Hoffnungen, dass die religiöse Phase Deines Klienten verebbt"? Ich dachte schon immer, dass die ITA (Infernalische Trainings-Akademie) abgewirtschaftet hat, seit sie den alten Grabschprotzeck dort zum Chef gemacht haben. Nun bin ich mir sicher. Hat Dir nie jemand das GdW (Gesetz der Wellenbewegung) erklärt?

Menschen sind Amphibien, halb Geist, halb Tier (der Entschluss des FEindes, einen solchen ekligen Hybrid zu schaffen, war einer der Gründe, die Unseren Vater veranlassten, IHm die Gefolgschaft aufzukündigen). Als Geistwesen gehören sie zur zeitlosen Welt, aber als Tiere leben sie in der Zeit. Das heißt: Ihr Geist kann sich auf ewige Dinge ausrichten, während ihre Körper, Leidenschaften und Vorstellungen ständigem Wandel unterworfen sind, denn in der Zeit zu sein heißt Veränderung. Ihre weitestmögliche Annäherung an Beständigkeit ist deshalb eine Wellenbewegung – das wiederholte Erreichen eines Levels, das sie immer wieder verlieren, eine Serie von Höhen und Tiefen.

Wenn Du Deinen Mann sorgfältig beobachtet hättest, wäre Dir diese Wellenbewegung in jedem seiner Lebensbereiche aufgefallen: Das Interesse an seiner Arbeit, seine Freundschaften, sein körperliches Verlangen – alles ein ständiges Auf und Ab. Zeit seines Erdenlebens wechseln Phasen von körperlichem und emotionalem Überfließen und Lebendigkeit mit Phasen der inneren Armut und Taubheit. Die Dürre und der Stumpfsinn, die Dein Klient jetzt durchlebt, sind nicht, wie Du Dir dummstolz einbildest, das Ergebnis Deiner Arbeit. Sie sind nur ein natürliches Phänomen, das uns nicht weiterbringt, wenn Du es nicht gut nützt.

Um den besten Weg dafür herauszufinden, musst Du Dich fragen, was der FEind mit der Situation anfangen will – und dann das genaue Gegenteil tun. Es mag Dich überraschen, dass ER bei Seinen Versuchen, die dauernde Herrschaft über eine Seele zu erlangen, mehr auf Tiefpunkte und Durststrecken setzt als auf Gefühlsgipfel. Einige Seiner besonderen Lieblinge sind durch längere und schrecklichere Tiefen gegangen als irgendjemand sonst.

Das hat folgenden Grund: Für uns ist ein Mensch in erster Linie Fraß; unser Ziel ist es, seinen Willen dem unseren ganz einzuverleiben, unseren Raum auf seine Kosten zu erweitern. Das Gehorsamsgebot des FEindes an die Menschen ist dagegen etwas ganz anderes. Wir müssen der Tatsache ins Auge sehen, dass all das Geschwätz über Seine Liebe zu den Menschen und vom Dienst an IHm als höchster Freiheit nicht (wie wir gerne dächten) bloß eine Marketingstrategie ist, sondern verstörende Wahrheit.

ER will das Universum tatsächlich mit einer Menge hassenswerter Klone Seiner selbst bevölkern – Geschöpfe, deren Leben qualitativ in verkleinertem Maßstab dem Seinen gleicht, nicht weil ER sie absorbiert hat, sondern weil ihr Wille frei mit dem Seinen ineinsfließt. Wir wollen Nutzvieh, das schließlich Fraß wird. ER will Diener, die schließlich Kinder werden können. Wir wollen verschlingen, ER will schenken. Wir sind leer und wollen uns füllen; ER ist Fülle und fließt über. Unser Kriegsziel ist eine Welt, in der Unser Vater Im Abgrund sich alle anderen Wesen einverleibt hat. Der FEind will eine Welt voller Wesen, die mit IHm vereint sind, aber immer noch selbstständig.

Und dafür spielen die Tiefphasen eine Rolle. Du hast Dich sicher oft gewundert, warum der FEind nicht ausgiebiger mit Seiner Macht wuchert, in den Seelen der Menschen spürbar gegenwärtig zu sein, jederzeit, mit einer von IHm gewählten Intensität. Aber jetzt verstehst Du: Das Unwiderstehliche und das Unwiderlegbare sind die beiden Waffen, die Sein Masterplan – von seinem Grundprinzip her – IHm einzusetzen verbietet. Den Menschenwillen zu überwältigen (wie es Seine gefühlte Gegenwart, außer in ihrer schwächsten und gedämpftesten Form, unbedingt tun würde), wäre für IHn unbrauchbar. ER kann nicht mit Gewalt nehmen, sondern nur werben. ER will, so Seine infame Idee, auf zwei Hochzeiten gleichzeitig tanzen. Die Geschöpfe sollen mit IHm eins werden und doch sie selbst bleiben. Sie nur auszulöschen oder sie IHm gleichzuschalten, dient IHm nicht.

Zu Beginn ist ER durchaus zu etwas Überrumpelung bereit. ER fixt sie an mit Signalen Seiner Gegenwart, die, obwohl sie nur schwach sind, ihnen großartig erscheinen, mit Wonnegefühlen und mühelosen Siegen in Versuchungen. Aber diesen Zustand lässt Er nie lange anhalten. Früher oder später zieht Er diese Unterstützungen und Stimuli zurück, zwar nicht tatsächlich, aber doch aus ihrem bewussten Erleben. Er überlässt es dem Geschöpf, auf eigenen Beinen zu stehen – und aus eigenem Willen Pflichten zu erfüllen, die nur mehr schal sind. In solchen Perioden von Dürre und Depression wächst und reift das Geschöpf weit eher in Seinem Sinne als in den Hochphasen. Darum schätzt Er Gebete aus dem Zustand der Dürre am meisten.

Wir können unsere Klienten durch beständige Versuchungen mit uns zerren, weil wir sie uns nur verzehrfertig machen, und je mehr ihr Wille untergraben wird, desto besser. Er dagegen kann nicht zum Guten verleiten wie wir zum Bösen. Er will sie laufen lehren und muss ihnen daher Seine Hand entziehen, und wenn bloß der Wille zum Gehen wirklich da ist, freut Er sich sogar an ihrem Gestolper. Mach Dir keine Illusionen, Warzwurm. Unsere Sache ist nie gefährdeter, als wenn ein Mensch, dem es zwar kein inneres Bedürfnis mehr ist, der aber immer noch die Absicht hat, den Willen des Feindes zu tun, rings um sich ein All sieht, aus dem jede Spur von IHM verschwunden zu sein scheint, und sich fragt, warum er verlassen wurde – und immer noch gehorcht.

Aber natürlich bieten die Tiefphasen auch uns Chancen. Nächste Woche schicke ich Dir ein paar Tipps, wie man sie ausschlachten kann.

LG, Onkel Malfluenzer

9. ✉ Phasen und Phrasen

Lieber Warzwurm,

ich hoffe, mein letztes Schreiben hat Dich überzeugt, dass jene Talsohle von Abstumpfung oder Dürre, die Dein Klient derzeit durchmacht, Dir nicht schon zwangsläufig seine Seele verschaffen wird, sondern ausgebeutet werden muss. In welcher Form, will ich jetzt überlegen.

Vor allem habe ich immer gefunden, dass solche Tiefs in den Wellen menschlicher Befindlichkeit hervorragende Gelegenheiten bieten für alle Arten von Sinnesverführungen, speziell für die sexuellen. Das überrascht Dich vielleicht, denn natürlich hat der Mensch in den Hochphasen mehr Energie und sexuellen Appetit; aber dann – das musst Du bedenken – sind auch die Widerstandskräfte am stärksten. Die Gesundheit und die Hochstimmungen, die Du gern für die Libido nutzen willst, können leider auch sehr leicht auf die Arbeit gewendet werden oder auf Spiel oder Denken oder unschuldige Vergnügungen. Der Angriff verspricht weit mehr Erfolg, wenn das gesamte Innere eines Menschen grau und kalt und leer ist.

Außerdem ist zu bemerken, dass die Sexualität der Talphase eine subtil andere Qualität hat als die der Hochphasen; sie führt mit weit geringerer Wahrscheinlichkeit zu dem Milch-und-Honig-Phänomen, das die Menschen „Verliebtheit" nennen, kann viel leichter pervertiert werden und ist weit weniger durchseucht von Begleiterscheinungen wie Großzügigkeit, Phantasie oder sogar Spiritualität, die die menschliche Sexualität oft so enttäuschend machen. Analoges gilt für alle fleischlichen Begierden. Du wirst Deinen Mann weit eher zu einem ordentlichen Säufer machen, wenn Du ihm den Alkohol in Phasen seiner Stumpfheit und Müdigkeit als Schmerzmittel aufdrängst, als wenn Du ihn ermutigst, sich damit in Gesellschaft seiner Freunde weiter in Stimmung zu bringen, wenn er glücklich ist und aus sich herausgeht.

Vergiss nie: Wann immer wir mit irgendeinem Vergnügen in seiner gesunden, normalen und befriedigenden Form umgehen, sind wir gewissermaßen auf FEindesgebiet. Klar, wir haben viele Seelen durch Vergnügen gewonnen. Aber es ist eben Seine Erfindung, nicht unsere. ER schuf alle Formen des Vergnügens, während unsere gesamte Forschung da bislang nichts erbracht hat. Deshalb bleibt uns nur, die Menschen dazu zu treiben, sich diese Vergnügungen zu Zeiten, auf Wegen oder in Ausmaßen zu gönnen, die ER verboten hat, und wir müssen immer von der natürlichen Form jedes Vergnügens wegarbeiten und hin auf seine unnatürlichste Variante, in der es am wenigsten nach seinem Schöpfer riecht und am unvergnüglichsten ist. Immer süchtigeres Verlangen nach einem immer weiter abnehmenden Vergnügen – das ist das Rezept. Nummer sicher! Und einfach besserer *Stil*. Einem Menschen seine Seele zu nehmen und ihm *nichts* dafür zurückzugeben – das macht das Herz Unseres Vaters wirklich froh. Und die Tal-Phasen sind die geeignetste Zeit, um diesen Prozess einzuleiten.

Doch kann man das „Finstere Tal" noch effizienter nützen – und zwar durch die Art, wie der Klient selbst darüber denkt. Wie immer ist hier der erste Schritt, Wissen von seinem Denken fernzuhalten. Lass ihn nie was vom Gesetz der Wellenbewegung ahnen! Er soll annehmen, dass der erste glühende Enthusiasmus seiner Bekehrung erwartbarerweise hätte für immer dauern können oder sollen und dass seine gegenwärtige Dürre ebenfalls ein bleibender Zustand ist. Hast Du diese Fehldeutung erstmal fest in seinem Kopf verankert, kannst Du auf verschiedene Weise weitermachen – je nachdem, ob Dein Mann der eher verzagende Typ ist, dem man zur Verzweiflung verführen kann, oder ein Wunschdenker, den man damit in Sicherheit wiegen kann, es sei doch alles okay. Die erstere Sorte von Menschen wird immer rarer. Wenn Dein Klient zufällig dazugehört, ist alles einfach. Du musst ihn nur von erfahrenen Christen fernhalten (ist leicht heutzutage), seine Aufmerksamkeit auf die zweckdienlichen Bibelstellen hinlenken und ihn dann an dem verzweifelten Unterfangen arbeiten lassen, seine vormaligen Gefühle durch schiere Willensaufbietung wiederherzustellen. Dann haben wir gewonnen.

Wenn er zur eher hoffnungsfrohen Sorte gehört, ist es Dein Job, dafür zu sorgen, dass er sich in seiner aktuellen Lauheit einrichtet und immer zufriedener wird – indem man ihn sich einreden lässt, so wenig sei das ja gar nicht. In einer oder zwei Wochen lass ihn dann bezweifeln, ob die ersten Tage seines Christentums nicht vielleicht etwas übertrieben gewesen seien. Sprich ihm von „Mäßigung in allen Dingen". Sobald Du ihn denken lassen kannst: „Religion ist ja schön und gut – bis zu einem gewissen Grad", kannst Du hinsichtlich seiner Seele ziemlich zuversichtlich sein. Eine wohltemperierte Religion ist für uns so gut wie gar keine – und viel lustiger.

Eine weitere Option ist, seinen Glauben direkt anzugreifen. Wenn Du ihn erstmal zu der Auffassung gebracht hast, dass die Talsohle dauerhaft ist – kannst Du ihn nicht auch dazu überreden, dass seine „religiöse Phase" einfach so vergeht wie alle anderen zuvor auch? Natürlich gibt es keinen erfindlichen *rationalen* Weg, wie man von der Feststellung „Ich verliere an etwas das Interesse" zu der Annahme kommen sollte „Das ist falsch". Aber wie schon gesagt, Du musst auf Reizworte und gängige Phrasen setzen, nicht auf Vernunft. Wahrscheinlich tut es allein das Wort „Phase". Denn auch Dein Kunde hat vermutlich schon mehrere davon durchgemacht (das haben sie ja alle), und er fühlt sich immer denjenigen davon, aus denen er herausgewachsen ist, überlegen und schaut gönnerhaft auf sie herab – nicht, weil er sie wirklich kritisch reflektiert hätte, sondern einfach, weil sie passé sind. (Du hältst ihn doch hübsch gemästet mit nebulösen Vorstellungen von Fortschritt und Entwicklung und ‚historischer Kontextualisierung' und lässt ihn jede Menge moderne Biographien lesen? Darin lassen die Leute doch permanent irgendwelche Phasen hinter sich, oder?)

Erkennst Du das Schema? Halte ihn von dem simplen Gegensatz von Wahr und Falsch fern. Stattdessen hübsche Wischi-Waschi-Formulierungen: „Es war eine Phase" – „Ich bin damit durch" etc. und vergiss dabei nie das gesegnete Wort „pubertär".

LG, Onkel Malfluenzer

10. ✉ Mit Peergroups zum Selbstverrat: der Anpasser

Lieber Warzwurm,

es hat mich geradezu entzückt, von Grellwürck zu hören, dass Dein Klient ein paar sehr erwünschte Bekanntschaften gemacht hat und dass Du daraus offenbar vielversprechenden Profit geschlagen hast. Dieses Ehepaar mittleren Alters, das ihn im Büro aufgesucht hat, ist – soweit ich sehe – ganz die Art von Leuten, die wir uns als Umgang für ihn wünschen: reich, smart, oberflächlich intellektuell und von wacher Skepsis gegenüber allem und jedem. Sie denken, schätze ich, auch vage pazifistisch, nicht aus moralischen Gründen, sondern aus einer eingewurzelten Gewohnheit schlechtzumachen, was immer den Großteil ihrer Mitmenschen bewegt, hübsch gewürzt mit einer Prise angesagter kommunistischer Ideen. Großartig!

Du hast all seine sozialen, sexuellen und intellektuellen Eitelkeiten offenbar bestens genutzt.

Erzähl mehr davon. Hat er sich ordentlich eingebracht? Nicht mit Worten, meine ich; es gibt da ein feines Spiel mit Blicken, Untertönen und Lachern, durch die ein Sterblicher einer Peergroup signalisieren kann, dass er dazugehört. Diese Art von Selbstverrat solltest Du besonders ermutigen, weil er sich dessen kaum bewusst ist. Bis er das merkt, wirst Du ihm das Zurückrudern schwer gemacht haben.

Fraglos muss ihm sehr bald klar werden, dass sein Glaube in diametralem Gegensatz zu allem steht, worauf die Unterhaltungen seiner neuen Freunde beruhen. Das macht meines Erachtens nichts – vorausgesetzt, Du kannst ihn dahin bringen, jedes offene Ansprechen dieser Tatsache aufzuschieben, was mit Hilfe von Scham, Stolz, Bescheidenheit und Eitelkeit nicht schwer sein dürfte. Solange das anhält, ist er falsch gepolt. Er wird schweigen, wenn er etwas sagen sollte, und lachen, wo er besser geschwiegen hätte. Er wird – anfangs nur in seinem Verhalten, später dann auch explizit – alle möglichen zynischen und skeptischen Meinungen vertreten, die eigentlich nicht seine sind. Aber wenn Du ihn geschickt handhabst, werden sie zu den seinen. Alle Sterblichen werden tendenziell zu dem, was sie zu sein vorgeben. Das ist eine Grundregel.

Das Hauptproblem besteht darin, sich auf den Gegenangriff des FEindes vorzubereiten. Dafür ist das Wichtigste, den Moment möglichst lange hinauszuzögern, in dem das neue Vergnügen als Versuchung erkannt wird. Das mag auf den ersten Blick schwierig erscheinen, da das Personal des FEindes seit zwei Jahrtausenden predigt, „die Welt" sei die große maßgebliche Versuchung. Aber glücklicherweise haben sie in den letzten paar Jahrzehnten nichts Wesentliches mehr dazu gesagt. In modernen christlichen Medien finde ich zwar viel über Konsumkritik (und wirklich mehr, als mir lieb ist!), aber kaum etwas von den althergebrachten Warnungen: Die Welt sei eitel, man solle seine Freunde sorgfältig wählen, und die Zeit sei wertvoll. Alles, was in diese Richtung geht, würde Dein Klient vermutlich als „radikal" abtun – und darf ich nebenbei bemerken, dass die Bedeutung, die wir diesem Wort gegeben haben, einen unserer nachhaltigsten Triumphe der letzten hundert Jahre darstellt? Allein dadurch bewahren wir jährlich tausende Menschen vor Mäßigung, sexueller Enthaltsamkeit und einer vernunftgeleiteten Lebensführung.

Früher oder später wird Deinem Kunden allerdings das Wesen seiner neuen Freunde klar werden, und dann muss Deine Taktik auf seinen IQ abgestimmt sein. Wenn er dumm genug ist, kannst Du es so einrichten, dass er den Charakter seiner neuen Freunde einzig während ihrer Abwesenheit erkennt, und ihre Anwesenheit kann dazu benutzt werden, alle Kritik an ihnen wegzufegen. Im Erfolgsfall kann er dazu gebracht werden, ein Doppelleben zu führen – ich habe beobachtet, dass viele Menschen das über lange Zeiträume tun. In jeder Umgebung, in der er verkehrt, wird er dann nicht nur als ein anderer erscheinen, sondern tatsächlich ein anderer sein.

Wenn das misslingt, gibt es noch eine raffiniertere und amüsantere Methode. Man kann ihn die Unvereinbarkeit der beiden Seiten seiner Existenz bewusst wahrnehmen und mit einem Hochgefühl ausleben lassen. Dafür beutet man seine Eitelkeit aus. Er kann lernen, sein Vergnügen daran zu haben, dass er am Sonntag neben dem Metzger kniet, und zwar gerade *weil* er sich vorstellt, dass dieser unmöglich die mondäne und zynische Welt verstehen kann, in der er selbst sich am Samstagabend bewegt hat; und umgekehrt beim Aperitif mit diesen bewunderungswürdigen Freunden die Zoten und Blasphemien umso intensiver zu genießen, weil er sich einer „tieferen" und „spirituellen" Welt in seinem Inneren bewusst ist, die sie ihrerseits nicht verstehen können.

Du siehst den springenden Punkt? Seine weltlich gesinnten Freunde berühren eine seiner Seiten, der Metzger eine andere, und er ist der ganzheitlich-ausgewogene, komplexe Mensch, der sie alle durch- und überschaut. Während er so an mindestens zwei Menschengruppen andauernd Verrat übt, wird er statt Scham beständige unterschwellige Selbstbefriedigung verspüren.

Schließlich, falls alles andere versagt, kannst Du ihn beschwatzen, die neuen Bekanntschaften seinem Gewissen zum Trotz weiterzupflegen: mit der Begründung, er tue diesen Menschen in undefinierter Weise „Gutes", allein indem er ihre Cocktails trinkt und über ihre Witze lacht, wohingegen damit aufzuhören „besserwisserisch", „intolerant" und (natürlich) „radikal" wäre.

Gleichzeitig wirst Du, als selbstverständliche Vorsorgemaßnahme, darauf achten, dass diese neue Entwicklung ihn mehr Geld ausgeben lässt, als er sich leisten kann, und dass er darüber seine Arbeit vernachlässigt und seine Mutter. Ihre Eifersucht und Beunruhigung – und dass er ihr immer mehr ausweicht oder grob zu ihr wird – sind von unschätzbarem Wert für die Zunahme häuslicher Spannungen.

LG, Onkel Malfluenzer

11. ✉ Lachnummern

Lieber Warzwurm,

alles offenbar wunschgemäß! Vor allem freut es mich zu hören, dass die beiden neuen Freunde ihn jetzt mit ihrem gesamten Bekanntenkreis zusammengebracht haben. Alle daraus sind – wie ich den Akten entnehme – absolut verlässliche Leute; konsequente Spötter und Welt-Junkies, die ohne spektakuläre Delikte friedlich und bequem ins Haus Unseres Vaters unterwegs sind. Du schreibst, sie lachen dauernd. Du gibst Dich doch – darauf zähle ich! – nicht der Illusion hin, dass Lachen immer zu unserem Vorteil ist? Der Punkt verdient einige Aufmerksamkeit.

Ich unterscheide die Gründe des Menschenlachens in Freude, Spaß, den Witz im engeren Sinn und Flapsigkeit. Die beiden erstgenannten kannst Du an einem unbeschwerten Abend unter Freunden und zwischen Liebenden beobachten. In einer Runde von Erwachsenen gibt es üblicherweise irgendwelche Anlässe zu Erheiterung, aber die Mühelosigkeit, mit der in solchen Situationen die winzigsten Witzchen zu Gelächter führen, zeigt, dass sie dafür nicht der eigentliche Grund sind. Den kennen wir nicht. Aber viel davon herrscht in der widerlichen Kunst, die die Menschen Musik nennen, und etwas Ähnliches kommt im Himmel vor – eine sinnleere Beschleunigung im Rhythmus der überirdischen Befindlichkeit, ziemlich undurchsichtig für uns. Lachen dieser Art tut uns nicht gut und sollte immer ausgebremst werden. Abgesehen davon ist das Phänomen selbst eklig und ein direkter Affront gegen den Realismus, die Würde und die Ökonomie der Hölle.

Spaß ist eng verwandt mit Freude – eine Art Gefühlsschaum, der aus dem Spieltrieb kommt, weitestgehend nutzlos für uns. Kann natürlich mitunter profitabel verwendet werden, um die Menschen von etwas anderem abzulenken, was sie nach dem Wunsch des FEindes fühlen oder tun sollten. Aber für sich genommen hat Spaß völlig unerwünschte Auswirkungen: fördert Nächstenliebe, Mut, Zufriedenheit und viele andere Übel.

Der Witz im engeren Sinne, der als plötzliches Wahrnehmen einer Ungereimtheit entsteht, ist da weit vielversprechender. Ich denke gar nicht in erster Linie an Unanständiges oder Obszönes, das – obwohl zweitklassige Versucher gern damit arbeiten – in seinen Resultaten oft enttäuschend ist. Fakt ist, die Menschen können ziemlich klar in zwei Sorten unterschieden werden. Für die einen ist „keine Leidenschaft so ernst wie der Sex", und eine zweideutige Geschichte genau in Maß nicht mehr erotisierend, als sie lustig wird. In den anderen erregt dieselbe Sache zugleich Lüsternheit und Lachen. Die Ersteren machen Witze über Sex, weil er so viele absurde Missverhältnisse herbeiführt; die Letzteren ziehen solche Diskrepanzen als Vorwand heran, um über Sex zu reden. Wenn Dein Typ von der ersten Sorte ist, helfen Obszönitäten Dir nichts – ich vergesse nie, wie viele (für mich unerträglich öde) Stunden ich mit einem meiner frühen Klienten in Kneipen und Raucherzimmern vergeudet habe, bis ich diese Regel gelernt hatte. Finde heraus, zu welcher Sorte Dein Klient gehört – und sorge dafür, dass er selbst es *nicht* tut.

Der Realnutzen von Witzen oder Humor liegt maßgeblich in anderer Richtung und ist besonders bei den Briten vielversprechend, die ihren „Sinn für Humor" so ernst nehmen, dass irgendein Defizit in dieser Hinsicht fast das Einzige ist, dessen sie sich schämen. Humor ist für sie die all-tröstende und (notabene!) alles entschuldigende Gnade des Lebens. Ergo unschätzbar, um Scham zu eliminieren. Wenn jemand sich finanziell durchschnorrt, dann ist er bloß schäbig; wenn er aber damit unterhaltsam prahlt und die anderen für die Abzocke noch als Loser frotzelt, ist er eine Stimmungskanone.

Feigheit an sich ist bloß peinlich; Feigheit, die man ins Albern-Groteske übertreibt, um damit anzugeben, geht als witzig durch. Grausamkeit ist etwas, dessen man sich schämen muss, außer man kann sie als Jux präsentieren. Tausende zotiger oder sogar blasphemischer Witze befördern die Verdammnis eines Menschen nicht so effizient wie die Erkenntnis, dass er tun kann, was immer er möchte, und dafür nicht Missfallen, sondern sogar noch Bewunderung erntet, wenn es nur witzig wirkt. Und dass darin eine Versuchung liegt, kann vor Deinem Klienten fast vollkommen verheimlicht werden, weil die Briten den Humor so ernst nehmen. Jede leiseste Vermutung, dass man damit auch zu weit gehen könnte, kannst Du bei ihm als „verklemmt“ oder „humorlos“ diskreditieren.

Aber Flapsigkeit ist überhaupt das Optimale. Zuvörderst höchst ökonomisch: Nur ein sehr gescheiter Mensch kann einen echten Witz über Tugend machen – oder überhaupt über irgendetwas. Aber jeder Schwachkopf kann darauf abgerichtet werden, so zu reden, als ob sie lächerlich wäre. Bei flapsigen Bemerkungen ist der Witz immer schon vorausgesetzt; keiner macht ihn de facto. Aber jedes ernsthafte Thema wird in einer Weise behandelt, die seine Lachhaftigkeit schon impliziert. Wird dieser Snobismus als Gewohnheit längerfristig praktiziert, bildet er die denkbar beste Panzerung gegen den FEind, die ich kenne, und ist völlig frei von den Risiken der anderen Quellen des Lachens. Er ist meilenweit entfernt von Freude: Er tötet das Denken ab, statt es zu schärfen, und stiftet keinerlei Sympathien zwischen denen, die ihn verüben.

LG, Onkel Malfluenzer

12. ✉ Etappenziel: Gebets-Phobie

Lieber Warzwurm,

offensichtlich machst Du sehr gute Fortschritte. Meine einzige Sorge ist jetzt, dass Du, indem Du Deinen Klienten anzutreiben versuchst, in ihm eine Ahnung seiner wirklichen Lage weckst. Du und ich, die wir seine Situation kennen, dürfen nie vergessen, wie ganz anders sie ihm selbst erscheinen muss. Wir wissen, dass wir einen Richtungswechsel in seinem Kurs bewirkt haben, der ihn jetzt schon aus dem Orbit des FEindes hinausträgt. Aber er muss weiterhin annehmen, dass alle Entscheidungen, die zu dieser Veränderung geführt haben, unerheblich und reversibel sind. Keinesfalls darf er vermuten, dass er, wenn auch langsam, seinen Kurs weg von der Sonne in die Kälte und Lichtlosigkeit des fernsten Weltraums genommen hat.

Darum bin ich fast froh zu hören, dass er noch zur Kirche und zur Kommunion geht. Ich weiß, dass das Gefahren birgt, aber alles ist jetzt besser, als dass ihm der Bruch mit den ersten Wochen seines Lebens als Christ bewusst wird. Solange er äußerlich christliche Gewohnheiten beibehält, kann man ihn sich weiterhin für jemanden halten lassen, der zwar ein paar neue Freundschaften und Amüsements gewonnen hat, der aber geistig so ziemlich derselbe ist wie vor sechs Wochen. Solange er das denkt, brauchen wir uns nicht mit der bewussten Reue über eine klar erkannte Sünde herumzuschlagen, sondern nur mit einem vagen Unbehagen, dass er in der letzten Zeit nicht gut getan hat.

Dieses dumpfe Unwohlsein muss mit Fingerspitzengefühl behandelt werden. Wird es zu spürbar, weckt es ihn auf und verdirbt das ganze Spiel. Wenn Du es andererseits ganz unterdrückst – was, nebenbei bemerkt, der FEind Dir nicht erlauben wird –, verlieren wir ein Element aus der Situation, das sich als profitabel erweisen könnte. Hält man ein solches Gefühl am Leben, erlaubt aber nicht, dass es unwiderstehlich wird und sich zu wahrer Reue auswächst, entsteht eine unschätzbare Dynamik. Es verstärkt den Widerwillen des Klienten, an den FEind zu denken.

Etwas von diesem Widerwillen haben alle Menschen nahezu immer. Wenn aber Gedanken an IHn bedeuten, sich mit einer ganzen formlosen Wolke halb eingestandener Schuld zu konfrontieren und sie dadurch nur intensiver zu empfinden, wird dieser Widerwille um das Zehnfache gesteigert. Die Menschen hassen dann alles, was gedanklich mit IHm zu tun hat, wie jemand in Zahlungsschwierigkeiten den bloßen Blick auf einen Kontoauszug.

In dieser Verfassung wird Dein Klient seine religiösen Pflichten zwar nicht aufgeben, aber sie werden ihm zunehmend zuwider sein. Er wird im Vorfeld so wenig an sie denken, wie er noch irgend als anständig empfindet, und sie, wenn sie ausgestanden sind, schnellstmöglich wieder vergessen. Musstest Du ihm nur wenige Wochen zuvor noch zu Wirklichkeitsferne und Unachtsamkeit in seinem Beten verführen, wirst Du nun merken, dass er Dir seine Arme öffnet und Dich förmlich anbettelt um Ablenkung und Herzenstaubheit. Er *wünscht* dann sogar, dass seine Gebete unwirklich sind, denn er fürchtet nichts mehr als den effektiven Kontakt zum FEind. Er will ja den schlafenden Wurm seines Gewissens nicht wecken.

In dem Maß, wie sich dieser Zustand verfestigt, wirst Du nach und nach von der lästigen Mühe befreit, ihm Vergnügungen als Versuchung beschaffen zu müssen. Indem sein Widerwille, sich mit seinem Unbehagen auseinanderzusetzen, ihm jedes echte Glücksempfinden immer stärker versperrt und die Gewöhnung ihm Eitelkeit, Aufregung und Flapsigkeiten immer weniger befriedigend und zeitgleich immer unverzichtbarer macht (denn eben das macht Gewöhnung glücklicherweise mit jedem Vergnügen), reicht bald alles oder nichts, um seine schweifende Aufmerksamkeit zu fesseln.

Es braucht kein gutes Buch mehr, das er wirklich mag, um ihn von Gebet, Arbeit oder Schlaf abzuhalten; schon der Anzeigenteil aus der Vortageszeitung reicht aus. Du kannst ihn seine Zeit vertun lassen nicht mehr nur durch Gespräche, die er genießt, mit Menschen, die er mag, sondern durch Geschwätz mit Leuten, auf die er nichts gibt, über Themen, die ihn anöden. Du kannst ihn lange Zeit gar nichts tun lassen. Du kannst ihn nachts wachhalten, nicht durch Partys mit Freunden, sondern indem er auf das niedergebrannte Kaminfeuer in einem kalten Zimmer starrt. All die gesunden Aktivitäten des Außer-Haus- und Aus-Sich-Heraus-Gehens, die er aus unserer Sicht vermeiden soll, können so unterbunden werden, und er bekommt nichts dafür, sodass er am Ende sagen wird, was einer meiner Kunden sagte, als er hier unten ankam: „Ich sehe jetzt, dass ich den größten Teil meines Lebens vergeudet habe – indem ich *weder* getan habe, was ich sollte, *noch*, was ich wollte.“

Die Christen beschreiben den FEind als jemanden, „ohne den alles nichts ist“. Und das Nichts ist allenthalben sehr mächtig – mächtig genug, um einem Menschen die besten Jahre zu rauben, nicht in genüsslicher Sündhaftigkeit, sondern in stumpfsinnig flackerndem Grübeln, ohne zu wissen worüber oder warum; mit der Befriedigung so flüchtiger Neugierden, dass sie ihm halb unbewusst bleiben; mit Fingertrommeln und Däumchen-Drehen, ziellosem Warten; mit dem Summen von Melodien, die er nicht mag, oder in trüben labyrinthischen Träumereien, die noch nicht einmal Lust oder Ehrgeiz schmackhaft machen, die aber das Geschöpf, sobald irgendein Zufallsgedanke das Programm mal gestartet hat, aus Schwäche und Benebelung nicht mehr los wird.

Du wirst einwenden, dass das sehr kleine Sünden sind, und wie alle jungen Verführer brennst Du sicher darauf, von spektakulären Verruchtheiten zu berichten. Aber merk Dir: *Einzig*, wie weit Du den Mann vom FEind entfernst, zählt! Wie klein die Sünden sind, spielt keine Rolle, vorausgesetzt, sie summieren sich zu dem Effekt, den Menschen vom Licht abzubringen – und hinaus in das Nichts. Mord ist nicht wertvoller als Poker, wenn Poker den Erfolg bringt. Der sicherste Weg zur Hölle ist nämlich der stufenweise, der sanfte Abhang, der bequeme Pfad ohne jähe Kurven, ohne Wegmarken, ohne Beschilderung.

LG, Onkel Malfluenzer

13. ✉ ... und niemals echtes Vergnügen!!!

Lieber Warzwurm,

Du brauchst, wie mir scheint, eine Unmenge Seiten, um eine sehr simple Geschichte zu erzählen. Das Fazit: Du hast ihn Dir durch die Lappen gehen lassen. Die Lage ist sehr ernst, und ich sehe wirklich keinen Anlass, Dich vor den Konsequenzen Deiner Ineffizienz zu schützen. Eine Reue und Erneuerung der „Gnade“ (wie es die andere Seite nennt) in der von Dir beschriebenen Größenordnung ist ein Fiasko ersten Ranges. Unterm Strich entspricht sie einer zweiten Bekehrung – und vermutlich einer grundlegenderen, als die erste war.

Du hättest wissen müssen: Jene Gaswolke, die Deinen Zugriff auf die Zielperson auf dem Heimweg von der alten Mühle verhinderte, ist ein bekanntes Phänomen, die barbarischste Waffe des Feindes; sie erscheint üblicherweise, wenn Er einem Klienten unmittelbar gegenwärtig ist – in Modi, die noch nicht restlos klassifiziert sind. Einige Menschen sind davon permanent umgeben und deshalb für uns unnahbar.

Nun zu Deinen groben Patzern. Du hast (nach eigener Aussage) Deinem Klienten ein Buch zu lesen erlaubt, das er wirklich genossen hat – und eben rein zum Genuss und nicht zu dem Zweck, bei seinen neuen Freunden mit Bonmots darüber zu glänzen. Außerdem hast Du zugelassen, dass er – ganz allein! – den Spaziergang zu der alten Mühle unternahm, um dort Tee zu trinken, durch eine Landschaft, die er wirklich liebt. Mit anderen Worten: Du hast ihm gleich zwei Formen von echtem Vergnügen gestattet. Wie ignorant bist Du, das große Risiko darin nicht zu sehen?

Das Wesensmerkmal von Schmerz und Vergnügen ist, dass sie unverkennbar real sind, und deshalb – so weit sie reichen – dem Menschen, der sie fühlt, ein Vergleichskriterium dafür an die Hand geben, was wirklich ist und was nicht. Daraus folgt: Um jemanden auf die gute alte romantische Art zur Verdammnis zu führen – indem man ihn zu einer Art von Werther macht: bis über beide Ohren in Selbstmitleid versumpft wegen eingebildeter Leiden –, muss man ihn um jeden Preis vor jeglichem realen Schmerz bewahren. Denn natürlich würden schon fünf Minuten echter Zahnschmerzen den romantischen Weltschmerz als das entlarven, was er ist – nämlich Blödsinn –, und die gesamte Strategie verraten.

Aber Du wolltest Deinen Klienten ja unbedingt auf die weltliche Methode zur Verdammnis bringen: indem Du ihm Eitelkeit, Hektik, Ironie und kostspielige Öde als Genuss andrehst. Wie konntest Du so blind sein, nicht zu kapieren, dass wahres Vergnügen da wirklich das Letzte war, was Du ihn erleben lassen durftest? Hast Du nicht vorhergesehen, dass der Kontrast all das Blendwerk zunichtemachen würde, das Du ihn so mühselig schätzen gelehrt hast? Und dass die Art von Vergnügen, die das Buch und der Spaziergang ihm bereiteten, die gefährlichste von allen war? Dass sie von seinem Gefühlsleben all den Schorf abbröckeln lassen würde, mit dem Du es bedeckt hattest, und dass sich das für ihn wie ein Nach-Hause-Kommen anfühlen würde, eine Heilwerdung? Als vorbereitende Maßnahme, um ihn vom FEind fernzuhalten, wolltest Du ihn von sich selbst entfremden, und warst damit doch auf gutem Weg. Nun ist das alles umsonst.

Natürlich weiß ich, dass auch der FEind die Menschen von sich selbst abbringen möchte, aber in anderer Weise. Denk immer daran, dass ER dieses Madengezücht wirklich liebt und der Individualität jedes einzelnen davon einen absurden Wert beimisst. Wenn ER sagt, dass sie sich selbst verlieren sollen, meint ER damit nur, dass sie ihren zeternden Egozentrismus aufgeben sollen. Haben sie das einmal getan, schenkt ER ihnen all ihre Persönlichkeit zurück, und rühmt sich (zu Recht, fürchte ich), dass sie, wenn sie ganz IHM gehören, mehr sie selbst sind denn je zuvor. Daher bedeutet es für IHN eine so helle Freude, wenn sie ihren unschuldigen guten Willen ganz dem Seinen opfern, während ER es hasst, wenn sie für irgendeinen anderen Grund von ihrer eigenen Natur wegdriften. Weshalb wir sie immer genau dazu ermutigen sollten!

Die tiefstliegenden Neigungen und Impulse jedes Menschen sind die Rohstoffe, das Startpaket, mit dem der FEind ihn versehen hat. Wenn wir jemanden davon wegbringen, ist das deshalb immer schon ein Punktsieg für uns. Sogar in letztlich belanglosen Dingen ist es deshalb immer wünschenswert, die eigenen und echten Neigungen und Abneigungen eines Menschen durch die Standards der Welt, der Konvention oder der jeweils herrschenden Trends zu ersetzen. Ich selbst würde darin sehr weit gehen. Als eine meiner Leitmaximen würde ich aus meinen Klienten alle starken persönlichen Vorlieben, außer den effektiv sündhaften, eliminieren, sogar wenn sie ziemlich trivial sind wie ein Faible für Golfspielen oder Briefmarkensammeln oder Softdrinks.

Zugegeben, an diesen Dingen ist nichts tugendhaft; aber es liegt eine Art von Unschuld, Demut und Selbstvergessenheit darin, der ich misstraue. Ein Mensch, der wahrhaft und interesselos auch nur irgendetwas in der Welt einfach *als solches* genießt, und zwar ohne sich auch nur im mindesten darum zu scheren, was andere Leute dazu sagen, ist schon allein dadurch gegen einige unserer subtilsten Angriffstaktiken gewappnet. Darum solltest Du jederzeit darauf hinarbeiten, dass Dein Klient Menschen, Essen oder Bücher, die er wirklich mag, aufgibt für die derzeit ‚besten', ‚richtigen', ‚wichtigen' und ‚angesagten' Kontakte, Ernährungsformen und Lektüren. Ich habe Menschen gekannt, die gegen jede starke Versuchung von sozialem Ehrgeiz gefeit waren – weil sie am liebsten den ganzen Tag in Flipflops und Shorts verbrachten.

Bleibt zu bedenken, wie wir das Desaster ausbügeln können. Das Wichtigste ist, Deinen Mann jetzt von jedem Handeln abzuhalten. Solange er die Erfahrung nicht irgendwie aktiv umsetzt, ist bedeutungslos, was er über seine neue Bußfertigkeit denkt. Mag das kleine Biest sich darin suhlen. Lass ihn – wenn ihm das irgend naheliegt – ein Buch darüber schreiben. Das ist oft ein vorzüglicher Weg, um die Samen, die der FEind in Menschenseelen aussät, unfruchtbar zu machen.

Lass ihn alles tun, außer handeln. Kein noch so großes Ausmaß an Frömmigkeit seiner Gefühle oder in seiner Vorstellung wird uns schaden, solange wir es aus seinem Handlungswillen heraushalten können. Gemäß dem Diktum eines dieser Menschen: Aktiv gepflegte Gewohnheiten werden durch Wiederholung gestärkt, passiv bleibende verkümmern. Je öfter er fühlt, ohne zu handeln, desto weniger wird er je zu handeln fähig sein und – auf die Dauer – auch zu fühlen.

LG, Onkel Malfluenzer

14. ✉ Demut – kannste knicken

Lieber Warzwurm,

das Alarmierendste in Deinem letzten Bericht ist, dass Dein Klient keinen jener zuversichtlichen Entschlüsse mehr fasst, die für seine anfängliche Bekehrung typisch waren. Keine großspurigen Versprechungen ewiger Tugend, lese ich, nicht mal mehr die Erwartung lebenslanger „Gnade“, sondern nur noch Hoffnung auf eine tägliche und stündliche magere ‚Beihilfe‘, um den täglichen und stündlichen Versuchungen zu widerstehen! Schlecht, sehr schlecht.

Im Moment sehe ich nur eins, was man tun kann. Dein Mann ist demütig geworden. Hast Du ihn darauf aufmerksam gemacht? Alle Tugenden sind für uns leichter zu überwinden, wenn ein Mensch sich bewusst ist, dass er sie hat. Dies gilt besonders für die Demut. Erwische ihn in einem Moment, in dem er sich solcherart „arm im Geiste“ fühlt, und schleuse in sein Denken die selbstgenüssliche Überlegung ein „Donnerwetter!, bin ich gerade demütig“, und augenblicklich wird in ihm Stolz aufkommen, Stolz auf seine eigene Demut. Wenn er die Gefahr erkennt und versucht, diese neue Form von Stolz zu unterdrücken, mach ihn stolz auf diesen Versuch – und so weiter, über beliebig viele Stufen. Doch treib das Spiel nicht zu lange, sonst erwacht sein Sinn für Humor und Verhältnismäßigkeit; dann nämlich lacht er nur über Dich und geht schlafen.

Aber es gibt noch andere Wege, wie wir daraus Profit schlagen können, seine Aufmerksamkeit auf die Tugend der Demut zu fixieren. Sie ist, wie auch alle anderen Tugenden, ein Mittel, mit dem unser FEind die Aufmerksamkeit der Menschen von ihrem jeweiligen Ego weglenken will – und zu IHm oder ihren Nächsten. Alle Unterwürfigkeit und aller Selbsthass sind letztlich nur dafür gedacht und schaden uns wenig, wenn sie dieses Ziel nicht erreichen. Sie können uns sogar nutzen, wenn sie den Menschen mit sich selbst beschäftigt halten – und insbesondere dann, wenn die Selbstverachtung zum Ansatzpunkt für eine Verachtung anderer gemacht werden kann und damit für Depressivität, Zynismus und Grausamkeit.

Du musst daher vor Deinem Klienten den wahren Sinn der Demut verbergen. Er soll sie nicht als Selbstvergessenheit auffassen, sondern als eine Art Einschätzung (bzw. konkret: Geringschätzung) seines Charakters und seiner eigenen Talente. Einige Begabungen hat er ja offenbar. In seinem Kopf soll sich die Vorstellung festsetzen, Demut bestehe darin, von jenen Talenten weniger zu halten, als er tatsächlich tut. Zweifelsohne *sind* sie faktisch wertloser, als er meint, aber darum geht es nicht – sondern primär darum, dass er eine bloße (Selbst-)Einschätzung aus irgendeinem *anderen* Grund für maßgeblich und wichtig hält als deshalb, weil sie schlicht wahr ist. Auf diese Weise bringt man ein Element der Verlogenheit und der Scheinhaftigkeit in die Mitte dessen, was sich sonst zu einer Tugend zu entwickeln droht. Solcherart konnten schon Tausende von Menschen zu der Vorstellung gebracht werden, Demut bedeute, dass schöne Frauen versuchen, sich für hässlich zu halten, und kluge Männer sich für Idioten. Und weil das, was sie sich einzureden versuchen, in einigen Fällen manifester Unsinn ist, kann ihnen das nicht gelingen – und wir haben so die Chance, ihre Gedanken endlos um sich selbst kreisen zu lassen in dem Bemühen, das Unmögliche zu erreichen.

Um der Strategie des FEindes zuvorzukommen, müssen wir Seine Ziele bedenken. Der FEind möchte jeden Menschen zu einer inneren Einstellung bringen, worin er, wenn er etwa die beste aller erdenklichen Kathedralen entworfen hätte und um diese Idealität auch klar wüsste, sich darüber exakt so freuen würde, wie wenn sie ein anderer entworfen hätte: weder mehr noch weniger noch irgendwie anders.

Letztlich will der FEind die Menschen so frei von Voreingenommenheit für sie selbst, dass sie sich an ihren eigenen Talenten so ungezwungen dankbar freuen können wie an denen ihrer Nächsten oder an einem Sonnenaufgang, einem Elefanten oder einem Wasserfall. Langfristig wünscht ER sich alle Menschen so, dass sie sämtliche Kreaturen (sogar sich selbst) als herrlich und rühmenswert zu erkennen vermögen. Ihre biologisch begründete Selbstliebe will ER so bald wie möglich abtöten, als Langzeitstrategie aber, fürchte ich, will ER ihnen eine neue Art der Selbstliebe zurückgeben, eine Barmherzigkeit und Dankbarkeit gegenüber allen Lebewesen, sie selbst eingeschlossen. Sobald sie nur gelernt haben, ihre Nächsten zu lieben wie sich selbst, werden sie auch sich selbst so lieben dürfen wie ihre Nächsten. Denn wir dürfen nie vergessen, was die widerwärtigste und unerklärlichste Eigenheit unseres FEindes ist: dass ER diese haarlosen Zweifüßler, die ER geschaffen hat, *wirklich* liebt, und ihnen mit der rechten Hand zurückgibt, was ER ihnen mit der Linken genommen hat.

All seine Anstrengungen werden deshalb darauf gerichtet sein, den Menschen vom Thema Selbstbewertung gänzlich abzubringen. IHM ist lieber, dass jemand sich für einen bedeutenden Architekten oder Dichter hält und das dann umgehend wieder vergisst, als dass er viel Zeit und Mühe darauf verwendet, sich einzureden, er sei unbedeutend. Deine Versuche, dem Klienten entweder Prahlerei oder falsche Bescheidenheit einzuimpfen, werden deshalb von Seiten des FEindes mit der naheliegenden Mahnung pariert, dass der Mensch generell nicht dazu aufgerufen ist, sich überhaupt eine Meinung über seine Talente zu bilden, denn er kann sie sehr gut weiterhin nach Kräften vervollkommnen, ohne seine eigene Nische in der Ruhmeshalle exakt zu bestimmen. Diese Mahnung musst Du also um jeden Preis aus dem Bewusstsein Deines Klienten heraushalten.

Auch wird der FEind versuchen, im Denken Deines Kunden eine Lehre wirksam und wirklich werden zu lassen, die alle Menschen auf den Lippen haben, aber nur schwer in ihr Gefühlsleben hineinbringen können: dass sie sich nicht selbst geschaffen haben, sondern ihre Talente ihnen geschenkt wurden, und dass sie also ebenso gut stolz auf ihre Haarfarbe sein könnten.

Jederzeit und mit allen Mitteln aber wird der FEind bestrebt sein, das Denken des Klienten von solchen Fragen wegzubringen – Du dagegen willst sie ihm zur fixen Idee machen. Sogar von seinen Sünden soll der Mensch, wie der FEind ihn will, nicht zu viel halten oder groß über sie nachdenken: Je eher er – sind sie erst einmal bereut – seine Aufmerksamkeit wieder nach außen und auf seine Umgebung wendet, desto mehr freut sich der FEind.

LG, Onkel Malfluenzer

15. ✉ Zukunft, Zukunft über alles

Lieber Warzwurm,

natürlich hatte ich mitbekommen, dass die Menschen in ihrem europäischen Krieg – „Weltkrieg" nennen sie ihn naiv – eine Kampfpause einlegen, und bin nicht überrascht, dass ein entsprechendes Abflauen in den Ängsten Deines Klienten auftritt. Wollen wir das fördern oder ihn weiter in Sorge halten? Folternde Ängste und blinde Zuversicht sind beides wünschenswerte Gemütszustände. Dass wir uns zwischen ihnen entscheiden müssen, wirft gewichtige Fragen auf.

Das Leben der Menschen ist zeitgebunden, aber der FEind hat sie für die Ewigkeit bestimmt. ER will deshalb, so glaube ich, dass sie ihre Aufmerksamkeit vor allem auf zwei Dinge richten: auf die Ewigkeit selbst und das, was sie „Gegenwart" nennen. Denn die Gegenwart ist der Punkt, in dem das Zeitliche die Ewigkeit berührt. Den gegenwärtigen Moment – und nur ihn – erleben die Menschen analog zu der

Art, wie unser FEind die Realität insgesamt wahrnimmt. Einzig in diesem Jetzt sind ihnen Freiheit und Wirklichkeit gegeben. Deshalb wünscht der FEind, dass sie sich dauerhaft entweder mit der Ewigkeit (das heißt: mit IHm) oder mit der Gegenwart beschäftigen, also entweder über ihre Einheit mit oder ihr Getrenntsein von IHm nachdenken oder aber *jetzt* der Stimme ihres Gewissens gehorchen, ihr jetziges Kreuz auf sich oder die jetzige Gnade annehmen und dankbar sind für das, was sie jetzt genießen.

Unsere Aufgabe besteht also darin, sie von der Ewigkeit wegzubringen – *und* von der Gegenwart. Zu diesem Zweck verführen wir manche Menschen (Witwen, Gelehrte) dazu, in der Vergangenheit zu leben. Aber das ist nur eingeschränkt zweckdienlich, denn sie haben einiges an echten Kenntnissen von der Vergangenheit, und diese ist klar bestimmt und ähnelt insofern der Ewigkeit. Weit besser ist es deshalb, man lässt die Menschen in der Zukunft leben. In diese Richtung werden ihre Leidenschaften schon aus biologischer Notwendigkeit gezogen, sodass vor allem Zukunftsvorstellungen Hoffnung und Angst schüren. Außerdem kennen die

Menschen die Zukunft nicht, sodass wir sie in dahingehenden Grübeleien über Nicht-Wirkliches nachdenken lassen.

Kurzum: Von allem, was existiert, gleicht die Zukunft *am wenigsten* der Ewigkeit. Sie ist die weltlichste und flüchtigste der Zeitdimensionen – denn die Vergangenheit ist eingefroren und nicht länger im Fluss, und die Gegenwart ist ganz von Strahlen des Ewigen erhellt. Daher fördern wir kontinuierlich Konzepte wie unbegrenzten Fortschritt, progressive Universalisierung oder Transhumanismus, die das Gefühlsleben der Menschen in der Zukunft verankern, im Epizentrum der Zeitlichkeit.

Auch nahezu alle Sünden wurzeln daher im Zukunftsdenken. Dankbarkeit schaut auf Vergangenes und die Liebe auf die Gegenwart; Angst, Habgier, Ehrgeiz und Wollust schauen nach vorne. Nein, die Wollust ist da keine Ausnahme! Zu dem Zeitpunkt, an dem der Lustgenuss eintritt, ist die Sünde – die ja allein unser Interesse ist – schon passé. Das Genießen ist bloß der Teil des Prozesses, den wir bedauern und ausschließen würden, wenn sich das ohne Einbußen an Sündhaftigkeit machen ließe. Dieser

Teil stammt vom FEind und ist darum eine Erfahrung von Gegenwart. Die Sünde, unser Beitrag, war bzw. ist zukunftsgerichtet.

Zweifellos möchte auch der FEind, dass die Menschen an die Zukunft denken – aber nur so viel, wie erforderlich ist, um *jetzt* die Taten der Nächstenliebe oder Gerechtigkeit zu planen, zu denen sie absehbar morgen verpflichtet sind. Die To-dos von morgen zu planen ist eine *heutige* Pflicht; obwohl sie ihr „Material" vom noch Kommenden borgt (d. h. substantiell eine Anleihe auf die Zukunft ist), herrscht sie – wie alles Verpflichtetsein – in der Gegenwart: „Es ist meine Pflicht, morgen ..., und dafür muss ich jetzt noch ...". Das ist keineswegs haarspalterisch! Die Menschen sollen, wie der FEind sie wünscht, ihr Herz nicht an die Zukunft hängen und ihren Schatz dort anlegen. Wir dagegen wollen genau das.

SEin Ideal ist der Mensch, der – nachdem er den ganzen Tag für das Wohl der Nachgeborenen gearbeitet hat (wenn das seine Berufung ist) – diese Anliegen ganz von seinem mentalen Bildschirm löscht, sie dem Himmel anvertraut und umgehend zu der Geduld und Dankbarkeit zurückkehrt, die der gegenwärtige Moment von ihm fordert.

Wir dagegen wollen die Menschen zukunftsbehext, besessen von Naherwartungs-Visionen von Himmel oder Hölle auf Erden und bereit, allen Geboten des FEindes zuwiderzuhandeln, wenn sie dadurch (wie wir sie denken lassen) den Ersteren erreichen und die Letztere abwenden können; und ihr Glaube soll ganz vom Erfolg oder Scheitern von Langzeitstrategien abhängen, deren Resultate sie nicht mehr erleben. Wir möchten, dass die gesamte Spezies unentwegt dem Ende des Regenbogens nachjagt, und nie *jetzt* anständig oder lieb oder glücklich ist, sondern alles, was ihr in der Gegenwart tatsächlich geschenkt ist, nur als Brandopferholz immer höher und höher auf den Altar der Zukunft schichtet.

Daraus folgt generell und für alle vergleichbaren Situationen, dass es besser ist, wenn Dein Klient in Bezug auf den Krieg von Angst oder Hoffnung erfüllt ist (womit von beiden spielt letztlich keine Rolle), als wenn er in der Gegenwart lebt. Allerdings ist „in der Gegenwart leben“ ambivalent. Es kann auch einen Zustand bezeichnen, der de facto ebenso zukunftsbezogen ist wie die Angst selbst. Vielleicht ist Dein Mensch ja gar nicht deshalb zukunftsunbekümmert, weil er sich mit der Gegenwart beschäftigt, sondern weil er sich erfolgreich eingeredet hat, es werde schon alles gut und annehmlich laufen. Solange das der wahre Grund seiner Gelassenheit ist, ist sie für uns profitabel, weil sie dann nur die Enttäuschung und folglich auch die Unduldsamkeit steigert, wenn sich seine falschen Hoffnungen zerschlagen.

Wenn er sich dagegen bewusst ist, dass die Zukunft potentiell Gräuel für ihn bereithält, und um die Kraft betet, mit der er ihnen entgegentreten kann, wenn er sich derweil mit der Gegenwart befasst, weil in ihr – und in ihr allein – alle Pflicht, alle Gnade, alles Wissen und alle Vergnügen ihren Ort haben, dann ist seine Verfassung äußerst unerwünscht und sollte sofort unter Beschuss genommen werden. Dafür hat unsere SpezPhil (Spezialeinheit Philologie) ebenfalls sehr wertvolle Arbeit geleistet: Versuch an ihm den Ausdruck „mit sich und der Welt zufrieden" (im Klartext: sieht und hat kein Optimierungspotential, keine Initiative oder Zukunftsperspektive).

Aber natürlich ist es am wahrscheinlichsten, dass er aus keinem der genannten Gründe in der Gegenwart lebt, sondern einfach, weil es ihm gesundheitlich gut geht und er seine Arbeit gerne macht. Das wäre dann als Phänomen bloß natürlich. Trotzdem: Wenn ich Du wäre, würde ich es unterbinden. Kein natürliches Phänomen ist je wirklich günstig für uns. Und wie auch immer: Warum *sollte* die Kreatur glücklich sein?

LG, Onkel Malfluenzer

16. ✉ Unbedingt ein Kirchenhopper!

Lieber Warzwurm,

ganz nebenbei erwähnst Du in Deinem letzten Schreiben, dass Dein Klient seit seiner Bekehrung immer noch dieselbe Kirche besucht – und nur diese eine, und dass er mit ihr nicht recht zufrieden ist. Darf ich fragen, was Du Dir dabei denkst?

Warum habe ich von Dir noch nichts dazu vorliegen, was diese Treue zu seiner Pfarrkirche motiviert? Ist Dir klar, dass so etwas, falls es nicht auf Gleichgültigkeit beruht, eine sehr üble Sache ist? Du weißt doch, dass jemand, der nicht vom Kirchgang abzubringen ist, wenigstens in der Nachbarschaft herumgeschickt werden muss auf der Suche nach einer Kirchengemeinde, die zu ihm passt, und zwar so lange, bis er ein Kirchentester und Kirchenkenner geworden ist.

Die Gründe liegen auf der Hand. Erstens sollte die kirchlich vorgegebene Sprengel- oder Kirchenkreisstruktur immer bekämpft werden, weil sie – rein räumlich und nicht als Interessengemeinschaft – Leute verschiedener Schichten und Geistesverfasstheiten in einer Form von Einheit zusammenführt, die der FEind anstrebt. Wenn dagegen die Gläubigen frei wählen, mit wem sie sich in Seinem Namen versammeln, macht das jede Gemeinde zu einer Art Club und am Ende, wenn alles gut geht, zu einer Ingroup bzw. einem Parteiklüngel.

Zweitens lässt die Suche nach einer „passenden“ Kirchengemeinde den Klienten zu einem Kritiker werden, wo der FEind ihn als Schüler will. Von Laien in der Kirche wünscht ER eine Haltung, die kritisch sein darf in dem Sinn, dass Falsches und nicht Hilfreiches abgelehnt wird, die aber nicht wertet, d. h. keine Zeit damit verschwendet, über das Abgelehnte nachzudenken, sondern sich in vorbehaltloser, demütiger Empfänglichkeit für die jeweils angebotene geistige Nahrung öffnet. (Da siehst du, wie kriecherisch, wie ungeistig, wie heillos gewöhnlich ER ist!) Die erwähnte Geisteshaltung, vor allem während der Predigt, schafft die (für uns so schädliche) Disposition, in der Binsenweisheiten für die menschliche Seele tatsächlich anhör- und annehmbar werden können. Es gibt kaum eine Predigt oder ein Buch, die uns *nicht* gefährlich werden, wenn sie in dieser Gestimmtheit rezipiert werden. Also komm in die Gänge und schick den Idioten sobald wie möglich durch die Nachbarkirchen! Deine bisherige Bilanz ist ziemlich unbefriedigend.

Für die beiden Kirchen, zu denen er den kürzesten Weg hat, habe ich die Bonitätsauskünfte eingeholt. Beide haben etwas für sich. Bei der einen ist der Pfarrer ein Mann, der den Glauben so lange eifrig verwässert hat, um ihn der vermeintlich ungläubigen und verstockten Gemeinde bequemer zu machen, dass nun er seinerseits die Kirchgänger mit seinem Unglauben schockiert und nicht umgekehrt. Er hat den christlichen Glauben in vielen Seelen untergraben.

Hut ab, wie der die Messe gestaltet! Um den Laien alle „Schwierigkeiten" zu ersparen, hat er sich von der offiziellen Leseordnung und den vorgeschriebenen Psalmen weggestohlen und bewegt sich nun, ohne es zu merken, in einer Endlosschleife aus seinen zwanzig bevorzugten Lesungen und fünfzehn Lieblingspsalmen. So sind wir sicher vor der Gefahr, dass irgendeine

Erkenntnis, mit der er und seine Herde noch nicht vertraut sind, ihnen je durch die Schrift zukommt. Aber vielleicht ist Dein Klient für diese Kirche nicht blöd genug – oder noch nicht?

In der anderen Kirche haben wir Pfarrer Haknagl. Die Menschen sind oft verdattert von der Bandbreite seiner Ansichten und haben Schwierigkeiten zu verstehen, warum er an einem Tag fast ein Kommunist ist und am nächsten nicht weit von einer Art theokratischem Faschismus; mal ein Scholastiker und tags darauf jemand, der jedwede Vernunft beim Menschen leugnet; mal zutiefst politisch und tags darauf der erklärten Ansicht, alle Staaten dieser Welt erwarte gleichermaßen das „Weltgericht".

Unsereins sieht natürlich, was seine Äußerungen verbindet: Es ist Hass! Der Mann kann sich nicht dazu bringen, irgendetwas zu predigen, das nicht darauf abzielt, seine Eltern und deren Freunde zu schockieren, zu betrüben, zu verstören oder zu erniedrigen. Eine Predigt, die von solchen Leuten angenommen würde, erschiene ihm so belanglos wie ein Gedicht, an dem sie Hebungen und Senkungen abzählen können. Zudem hat er einen vielversprechenden Hang zur Unehrlichkeit. Wir bringen ihm bei, zu sagen „Die Kirche lehrt …“, wenn er eigentlich meint: „Ich bin ziemlich sicher, neulich bei C. S. Lewis oder jemandem der Art gelesen zu haben …“. Aber ich muss Dich warnen, er hat einen fatalen Fehler: Er glaubt wirklich! Und das könnte noch alles verderben.

Aber ein Gutes haben diese Pfarreien gemeinsam: Beide vertreten dezidierte kirchenpolitische Positionen. Ich habe Dich, denke ich, schon darauf hingewiesen, dass Dein Klient, sofern er nicht von der Kirche ferngehalten werden kann, jedenfalls leidenschaftlicher Parteigänger einer besonderen Richtung darin sein sollte. Damit meine ich nicht: in echten dogmatischen Streitfragen. Je lauer er desbezüglich ist, umso besser. Und es ist auch nicht die Dogmatik, auf die wir bei der Mehrung von Bosheit vorrangig setzen.

Echten Spaß macht es, Hass zu säen zwischen denen, die von ‚Abendmahl‘ sprechen, und denen, die ‚Kommunion‘ oder ‚Eucharistie‘ sagen – gerade wenn keine der beiden Parteien in der Lage ist, bspw. den Unterschied zwischen

Luther und Thomas von Aquin in einer Form darzustellen, die auch nur fünf Minuten wasserdicht wäre. Und all die gänzlich belanglosen Dinge – Kerzen und Gewänder und was weiß ich – sind ein vorzügliches Feld für unsere Tätigkeit.

Wir haben weitgehend aus den Köpfen der Menschen getilgt, was diese Pest Paulus über Essgewohnheiten und andere Unwesentlichkeiten immer gelehrt hat – nämlich, dass ein Mensch, der selbst keine Bedenken hat, sich immer demjenigen anpassen soll, der solche Bedenken hegt.

Man sollte meinen, den Christen könne nicht entgehen, wie das auf ihre Situation anzuwenden ist. Man würde erwarten, dass der Protestant niederkniet und sich bekreuzigt, damit das ungefestigte Gewissen seines katholischen Bruders nicht zur Pietätlosigkeit verführt wird, und der Katholik seinerseits von solchen Gesten Abstand nimmt, damit er seinen protestantischen Bruder nicht zur Bilderverehrung verleitet – und ohne unseren unermüdlichen Einsatz wäre das auch so gekommen. Ohne ihn wäre die Vielfalt an Ritualen innerhalb der Kirche tatsächlich ein Düngebeet für Liebe und Demut geworden.

LG, Onkel Malfluenzer

17. ☒ Kalorienbomben und Geschmacksgranaten

Lieber Warzwurm,

die verächtliche Weise, mit der Du in Deinem letzten Schreiben von den Sünden des Gaumens als Methode der Seelenakquise sprachst, zeigt Deine Ignoranz. Als eine unserer großen Errungenschaften der letzten hundert Jahre haben wir das Bewusstsein der Menschen in dieser Hinsicht abgetötet, so dass Du inzwischen europaweit kaum eine Predigt dazu findest und kaum jemanden, der deswegen noch ein schlechtes Gewissen hat. Im Wesentlichen ist uns das gelungen, indem wir unseren Einsatz statt auf die Fress- auf die Genusssucht konzentrieren.

Die Mutter Deines Klienten ist, wie ich in ihrer Akte sehe und wie Du hättest Dich bei Shlotzkot informieren können, dafür ein gutes Beispiel. Sie wäre völlig überrascht – und *wird* es, hoffe ich, eines Tages sein! – zu erfahren, dass ihr gesamtes Leben sklavisch dieser Art von Sinneskitzel verfallen ist, was ihr deshalb weitgehend verborgen bleibt, weil es um kleine Portionen geht. Aber welche Bedeutung haben schon Quantitäten, solange wir Magen und Gaumen des Menschen nützen können, damit sie Nörgelei, Ungeduld, Lieblosigkeit und Egoismus ausspucken?

Shlotzkot hat die Alte gut in der Hand. Sie ist ein regelrechter Terror für Gastgeber oder Personal. Was immer man ihr anbietet, sie wendet sich davon ab und seufzt mit einem spröden Lächeln: „O bitte, bitte … alles, was ich doch bloß möchte, ist eine Tasse Tee, nicht zu stark, aber auch nicht zu schwach, und das allerkleinste Scheibchen von wirklich krossem Toast." Kapierst Du? Weil alles, was sie will, simpler und billiger ist, als was man ihr vorsetzt, erkennt sie ihre Versessenheit darauf, genau das zu bekommen, was sie will (wie beschwerlich das auch für andere sein mag), nie als sündhafte Schwelgerei. Noch während sie ihrem Gelüst frönt, denkt sie, sie übe Mäßigkeit.

In einem vollbesetzten Restaurant stößt sie angesichts des Tellers, den eine überarbeitete Kellnerin vor sie hinstellt, einen kleinen Schrei aus: „Oh, das ist aber viel, viel zu viel! Nehmen Sie es wieder mit und bringen Sie mir etwa ein Viertel davon." Wenn man sie darauf anspricht, wird sie das rechtfertigen: „Damit nichts weggeworfen wird." Tatsächlich aber tut sie es, weil die spezifische Zimperlichkeit, auf die wir sie sklavisch festgelegt haben, sich gekränkt fühlt beim Anblick einer größeren Portion, als gerade ihrem Gusto entspricht.

Der wahre Wert der stillen dezenten Arbeit, die Shlotzkot an dieser Alten vollbracht hat, lässt sich daraus ermessen, wie sehr ihr Bauch ihr gesamtes Leben dominiert. Die Frau ist in der sogenannten „Ich möchte doch bloß"-Verfassung. Alles, was sie bloß möchte, ist eine Tasse ordentlich aufgebrühten Tee oder ein ordentlich gekochtes Ei oder eine Scheibe ordentlich getoastetes Brot. Aber sie findet nie jemanden vom Personal oder eine Freundin oder Bekannte, die diese einfachen Dinge ordentlich zubereiten kann – weil ihr „ordentlich" ein unersättliches Bedürfnis nach der ganz exakten (und schier unmöglich zu erreichenden) Qualität von Gaumengenuss kaschiert, von der sie sich einbildet, sie habe sie so von früher in Erinnerung; ein Früher, das sie mit den Worten umschreibt:

„als es noch gutes Personal gab", das aber – wie wir wissen – einfach die Zeiten meint, in denen sie leichter zufriedenzustellen war und andere Formen des Vergnügens kannte, die sie weniger abhängig machten von denen des Gaumens.

Derweil sorgt ihre tägliche Enttäuschung jeden Tag für schlechte Stimmung: Haushaltshilfen kündigen, Freundschaften erkalten. Wann immer der FEind in ihr einen vagen Verdacht aufkommen lässt, dass sie zu sehr am Essen interessiert ist, kontert Shlotzkot das, indem er ihr suggeriert: Ihr selbst sei doch egal, was sie isst, sie möchte halt bloß „wirklich gern etwas Feines für den Jungen". Faktisch sind dabei natürlich ihre Gelüste schon seit Jahren eine der Hauptursachen, weshalb er sich zuhause so unwohl fühlt.

Nun ist Dein Klient der Sohn seiner Mutter. Während Du ihn – sinnvollerweise – unter höchstem Einsatz an anderen Fronten bearbeitest, solltest Du keinesfalls eine kleine Infiltration hinsichtlich der Genusssucht vernachlässigen. Da er ein Mann ist, geht er nicht so leicht in die „Ich möchte doch bloß"-Falle. Männer verführt man am besten über ihre Eitelkeit.

Man muss sie dazu bringen, sich für Connaisseurs zu halten und sich etwas darauf einzubilden, dass sie das einzige Restaurant der Stadt entdeckt haben, wo man Steaks ordentlich brät.

Was als Eitelkeit beginnt, kann dann nach und nach in eine Gewohnheit verwandelt werden. Aber wie immer Du es angehst, der Clou ist, ihn zu der Grundhaltung zu bringen, worin jede Verweigerung eines Genusses (wovon auch immer: Champagner oder Tee, Seezunge Colbert oder Zigaretten) ihn ausrasten lässt, denn dann sind seine Nächstenliebe, sein Gerechtigkeitssinn oder sein Gehorsam Dir ausgeliefert.

Bloße Völlerei ist wesentlich unergiebiger als Feinschmeckertum. Ihr Hauptnutzen ist es, als eine Art vorbereitender Artilleriebeschuss für Angriffe auf die sexuelle Enthaltsamkeit zu dienen. In diesem Punkt – wie in allen anderen – halte Deinen Typ in einem Zustand falscher Spiritualität. Lass ihn nie die einfachen physiologischen Aspekte sehen. Lass ihn darüber grübeln, welche Form von Hochmut oder welcher Mangel an Glauben ihn in Deine Hände geliefert haben, während ein simples Überdenken, was er in den letzten 24 Stunden gegessen oder getrunken hat, ihn erkennen lassen würde, wo Deine Munition herstammt und wie er deshalb mit ein klein wenig Abstinenz, d. h. Fasten, Deine Verbindungswege blockieren könnte.

Falls er partout über physiologische Aspekte der sexuellen Enthaltsamkeit nachdenken muss, füttere ihn mit der großen Lüge, für die wir eine englandweite Glaubwürdigkeit etabliert haben: dass exzessiver Sport und das entsprechende Ausgepowertsein danach diese Tugend begünstigen. Wie die Menschen das glauben können, angesichts der notorischen Geilheit ausgehungerter, erschöpfter Seeleute oder Soldaten, kann man sich wirklich fragen! Aber wir haben die Story über das Schulsystem verbreitet – maßgeblich über Lehrer, die an der sexuellen Enthaltsamkeit vor allem als Rechtfertigung für Sportevents interessiert waren und deshalb den Sport zur Förderung der Enthaltsamkeit empfahlen. Aber dieses gesamte Thema ist zu umfangreich, um es am Schwanzende dieses Schreibens noch zu behandeln.

LG, Onkel Malfluenzer

18. ☒ Von Familien, Organismen und Liebestricks

Lieber Warzwurm,

selbst unter Grabschprotzeck als Leiter müsstest Du an der ITA die Routinetechniken der sexuellen Versuchung gelernt haben, und weil dieses ganze Thema für uns Geister zwar als Teil unserer Ausbildung notwendig, sonst aber äußerst langweilig ist, will ich mich damit nicht aufhalten. Aber von den größeren Zusammenhängen, in denen es steht, hast Du noch viel zu lernen.

Die Anforderungen des FEindes bedeuten für die Menschen ein Dilemma: entweder völlige Enthaltsamkeit oder unbedingte Monogamie. Die erste Option haben wir ihnen seit dem ersten großen Sieg Unseres Vaters damals im Garten Eden sehr schwer gemacht. Den Ausweg in die letztere haben wir ihnen im Lauf der letzten Jahrhunderte immer mehr verbaut. Mit Hilfe von Dichtern und Schriftstellern haben wir die Menschen davon überzeugt, dass a) eine sonderbare und meist kurzlebige Erfahrung, die sie „Verliebtheit“ nennen, der einzige seriöse Grund für eine Ehe ist; dass b) eine Heirat jene Erregtheit auf Dauer stellen kann und soll und dass c) eine Ehe, die das nicht leistet, nicht mehr bindend ist. Das Konstrukt ist unsere Parodie auf eine Idee des FEindes.

Die ganze Philosophie der Hölle beruht auf dem Axiom, dass ein Ding nicht das andere und ein Selbst nicht das andere ist. Gut für mich ist gut für mich, und Gutes für dich ist gut für dich. Was einer gewinnt, verliert der andere. Sogar unbelebte Gegenstände sind, was sie sind, indem sie alle anderen Dinge aus dem Raum, den sie selbst beanspruchen, ausschließen. Wenn ein Gegenstand sich ausbreitet, tut er das, indem er andere verdrängt oder in sich aufsaugt – so auch jedes Selbst. Bei Tieren nimmt das In-sich-Aufnehmen die Form des Fressens an. Bei uns bedeutet es, dass ein stärkeres Selbst sich den Willen und die Freiheit eines schwächeren Selbst einverleibt. „Dasein“ hat keinerlei andere Bedeutung als „Kampf ums Dasein“!

Die Philosophie des FEindes ist nun nicht mehr und nicht weniger als der beständige Versuch, dieser offensichtlichen Wahrheit auszuweichen. Sein Ziel ist ein Widerspruch. Die Dinge sollen verschieden sein und in gewisser Weise doch eins. Was für ein Wesen gut ist, soll auch gut für ein anderes sein. Diese Unmöglichkeit nennt ER Liebe, und dieses einförmige Universalheilmittel kann man in allem erkennen, was ER tut, und sogar, was ER ist – oder zu sein vorgibt.

So ist nicht einmal ER selbst zufrieden damit, rechnerisch schlicht Eins zu sein. ER beansprucht, sowohl Drei als auch Eins zu sein, damit der Unsinn „Liebe“ in Seinem eigenen Wesen begründet ist. Am anderen Ende der Daseinskette führt er die obszöne Erfindung des Organismus ein, in dem die Teile ihrer natürlichen Bestimmung zur Konkurrenz entfremdet und zur Kooperation hin geschaffen sind.

Sein wahres Motiv, warum ER just Sex als Fortpflanzungsmethode unter Menschen festgelegt hat, erkennt man daran, wie ER ihn nützt. Aus unserer Sicht könnte der Geschlechtstrieb recht harmlos sein: bloß ein weiteres Verfahren, womit ein stärkeres Selbst sich ein schwächeres zur Beute macht – wie es ja tatsächlich bei den Spinnen der Fall ist, bei denen die Braut die Hochzeitsnacht mit dem Verzehr des Bräutigams beschließt.

Aber bei den Menschen hat der FEind grundlos und gratis eine Zuneigung zwischen den Partnern mit dem sexuellen Begehren gepaart. Zudem hat ER es so angelegt, dass der Nachwuchs auf die Eltern angewiesen ist, und hat den Eltern einen Fürsorgeinstinkt gegeben. So schuf ER die Familie, die wie ein Organismus ist, bloß schlimmer; denn deren Glieder unterscheiden sich deutlicher voneinander und sind doch in bewussterer und verantwortungsvollerer Weise vereint. Das ganze Familiending entpuppt sich faktisch als ein weiterer Trick, auch da Liebe hineinzuzerren.

Nun kommt der Witz. Der FEind beschrieb ein verheiratetes Paar als „ein Fleisch". ER sagte nicht „ein glückliches Ehepaar" oder „ein Paar, das heiratete, weil sie ineinander verliebt waren", aber Du kannst die Menschen das übersehen lassen. Du kannst sie ebenso vergessen lassen, dass der, den sie Paulus nennen, die Bezeichnung nicht auf *verheiratete* Paare beschränkte. Die bloße geschlechtliche Vereinigung bewirkte in seinen Augen das „Ein-Fleisch-Werden". Man kann also erreichen, dass die Menschen etwas für eine rhetorische Idealisierung der Verliebtheit halten, was de facto simple Beschreibungen des Geschlechtsakts in seiner eigentlichen Bedeutung waren.

Die Wahrheit ist: Wann immer ein Mann mit einer Frau schläft, entsteht zwischen ihnen, ob sie wollen oder nicht, eine transzendente Verbindung, die ewig genossen oder ewig ausgehalten werden muss. Aus der schlicht wahren Feststellung, dass diese transzendente Verbindung zu Zuneigung und Familie führen soll und dass sie das – wenn sie in einer dem FEind gehorsamen Geisteshaltung eingegangen wird – allzu häufig auch tut, kann man die Menschen fälschlich folgern lassen, dass die Mischung von Zuneigung, Angst und Verlangen, die sie „Verliebtsein" nennen, das Einzige ist, was eine Heirat entweder glücklich oder heilig macht.

Dieser Fehlschluss ist leicht zu erreichen, weil „Verliebtsein" im westlichen Denken häufig Ehebündnissen vorangeht, die im Einklang mit den Planungen des FEindes geschlossen werden,

d. h. mit dem Vorsatz, treu, fruchtbar und guten Willens zu sein (wie religiöse Gefühle häufig, aber eben nicht immer, mit einer Bekehrung einhergehen). Mit anderen Worten: Die Menschen müssen dazu ermutigt werden, als Grundlage der Ehe eine überzeichnete und schöngefärbte Version dessen anzusehen, was der FEind eigentlich erst als ihr Ergebnis verspricht.

Daraus erwachsen zwei Vorteile. Erstens: Menschen, die nicht die Gabe der Enthaltsamkeit haben, lassen sich dennoch von der Ehe abschrecken, weil sie sich nicht „verliebt" fühlen und weil ihnen dank unserer Bemühungen die Vorstellung, aus einem anderen Grund zu heiraten, niedrig und zynisch erscheint. Ja, sie denken tatsächlich so! Sie halten den Vorsatz, in einer Lebenspartnerschaft treu und loyal zu sein, um sich wechselseitig zu helfen, erotischen Versuchungen zu widerstehen und Leben weiterzugeben, für geringwertiger als einen Gefühlssturm. (Versäume auch keinesfalls, Deinen Klienten den Trauungs-Ritus als eine Zumutung empfinden zu lassen.)

Zweitens wird jede Art erotischer Verknalltheit als „Liebe" angesehen, solange sie nur auf eine spätere Heirat zielt, und „Liebe“ gilt als Freibrief, wen auch immer zu heiraten – wie glaubensfern, hohl, geil oder amoralisch der oder die Auserwählte auch sei. Aber mehr davon nächstens.

LG, Onkel Malfluenzer

19. 🖂 Liebe geht gar nicht; Verliebtheit, je nachdem …

Lieber Warzwurm,

über die Frage in Deinem letzten Bericht habe ich sehr eingehend nachgedacht.

Wenn – wie ich klar gezeigt habe – jedes Selbst von Natur aus mit allen anderen konkurriert (weshalb die Idee des FEindes von der Nächstenliebe ein Widerspruch in sich ist), was ist aus meinen wiederholten Warnungen geworden, dass ER das Menschengewürm wirklich liebt und jedem einzelnen davon wirklich Freiheit und ewiges Sein wünscht? Ich hoffe sehr, Kleiner, Du hast meine Mailinstruktionen niemandem gezeigt! Nicht, dass das was ausmachen würde – versteht sich. Das sieht doch jeder sofort: Es ist reiner Zufall, dass ich da in einen Anschein von Häresie verfallen bin.

Im Übrigen hast Du hoffentlich auch kapiert, dass meine augenscheinlich wenig schmeichelhaften Bemerkungen über Grabschprotzeck bloße Scherzchen waren. Ich hege wirklich die größte Wertschätzung für ihn! Und selbstverständlich waren gewisse meiner Äußerungen – ich würde Dich nicht vor der Dienstaufsicht schützen etc. – nicht ernst gemeint. Du kannst mir vertrauen, ich werde für Deine Interessen sorgen. Aber halte alles streng unter Verschluss!

Tatsächlich ist es mir aus schierer Achtlosigkeit herausgerutscht, der FEind liebe die Menschen wirklich. Das ist natürlich eine Unmöglichkeit! ER ist *ein* Wesen, und sie sind von IHM verschieden. Was gut für sie ist, kann nicht gut für IHN sein. All sein Gerede von Liebe muss Verschleierungstaktik sein – ER muss irgendein wahres Motiv dafür haben, dass ER die Menschen geschaffen hat und sich mit ihnen so viel Mühe gibt. Der Grund dafür, dass wir in die Redeweise verfallen, ER hege tatsächlich diese unmögliche Liebe, liegt in unserer völligen Unfähigkeit, jenes wahre Motiv herauszufinden. Was hat ER mit ihnen vor? Das ist die unlösbare Frage.

Es kann sicherlich nicht schaden, wenn ich Dir erzähle, dass genau dieses Problem einer der Hauptgründe war, weshalb sich Unser Vater mit dem FEind zerstritten hat. Als damals die Erschaffung des Menschen erstmals zur Debatte stand und als der FEind – schon in jener Planungsphase – unverblümt gestand, er sehe eine gewisse Episode mit einem Kreuz vorher, bemühte Unser Vater sich natürlich um ein Klärungsgespräch und bat um Erläuterung. Als Antwort brachte der FEind nur die Lügenstory von der uneigennützigen Liebe vor, die ER seither in Umlauf hält. Das konnte Unser Vater natürlich nicht akzeptieren. Er flehte den FEind an, Seine Karten auf den Tisch zu legen, und gab IHm jede Chance dazu. Er bekannte, dass er wirklich sehr darauf brenne, das Geheimnis zu begreifen; der FEind antwortete: „Ich wünschte von ganzem Herzen, du tätest es."

Genau das war der Punkt (stelle ich mir vor), an dem der Abscheu Unseres Vaters – angesichts eines derart grundlosen und unverdienten Mangels an Vertrauen – übermächtig wurde und ihn veranlasste, zwischen sich und die Gegenwart des FEindes eine unendliche Distanz zu legen, und zwar so abrupt, dass daraus das lächerliche, vom FEind ventilierte Gerücht seines ‚Rauswurfs' aus dem Himmel entstand.

Seit damals haben wir angefangen zu begreifen, warum unser Unterdrücker so geheimnistuerisch war. SEine Herrschaft beruht auf diesem Geheimnis. SEine Anhänger haben oft zugegeben: Wenn wir je dahin kämen zu verstehen, was ER mit Liebe meint – dann wäre der Krieg vorbei, und wir würden wieder in den Himmel eingehen. Und da liegt die Große Aufgabe!

Wir wissen, dass ER nicht wirklich lieben kann. Niemand kann das. Es ergibt keinen Sinn. Wenn wir nur ergründen könnten, was ER *tatsächlich* plant! Hypothesen über Hypothesen sind geprüft worden, und wir sind noch immer keinen Schritt weiter. Aber wir dürfen die Hoffnung nie aufgeben! Immer neue komplexere Theorien, immer umfänglichere Datensätze, höhere Prämien für Experten, die Fortschritte erzielen, und immer entsetzlichere Sanktionen für diejenigen, die scheitern – all das, unablässig verfolgt und immer weiter beschleunigt bis ans Ende der Zeiten, kann einfach unmöglich erfolglos bleiben!

Du beklagst Dich, meine letzte Mail habe nicht deutlich gemacht, ob ich Verliebtheit bei Menschen für einen wünschenswerten Zustand halte oder nicht. Also wirklich, Warzwurm, das ist eine von den Fragen, die man von *ihnen* erwartet! Lass *sie* doch darüber debattieren, ob „Liebe" – oder Patriotismus oder der Zölibat oder Altarkerzen oder Abstinenz oder Bildung – „gut" ist oder „schlecht". Siehst Du nicht, dass es darauf keine Antwort gibt? Was zählt, ist allein die *Ausrichtung* einer spezifischen Geistesverfassung, unter gegebenen Umständen, die einen bestimmten Klienten in einem bestimmten Moment entweder uns näherbringt oder dem FEind.

Deshalb wäre es eine ziemlich gute Sache, Deinen Klienten zu einer Entscheidung kommen zu lassen, ob „Liebe" „gut" ist oder „schlecht". Wenn er arrogant ist und Körperliches verachtet (letztlich aus einem Perfektionswahn oder einer Überempfindlichkeit, die er fälschlich für Reinheit hält) und wenn er jemand ist, dem es Spaß macht, Dinge zu verspotten, die die meisten seinesgleichen wertschätzen, dann lass ihn sich unbedingt *gegen* die Liebe entscheiden. Impfe ihm übermäßige Askese ein und dann – wenn Du sein sexuelles Begehren von allem isoliert hast, was es menschlich machen könnte – setze ihm damit in einer wesentlich brutaleren und zynischeren Form zu.

Wenn er dagegen ein sentimentaler Naivling ist, füttere ihn mit schlechten Gedichten und fünftklassigen Schmökern der alten Schule, bis er meint, „Liebe“ sei sowohl unwiderstehlich als auch irgendwie per se verdienstvoll. Diese Haltung ist zwar zugegebenermaßen nicht sehr hilfreich, um unverbindlichen Sex herbeizuführen; aber sie ist ein unfehlbares Rezept für langanhaltende, „edle“ und romantisch-tragische Ehebrüche, die, wenn alles gut geht, in Morden oder Selbstmorden enden.

Falls das missglückt, kann man diese Haltung immer noch dafür nutzen, den Kunden in eine uns zweckdienliche Ehe zu manövrieren. Denn die Ehe – obzwar eine Erfindung des FEINDES – hat durchaus ihre Brauchbarkeit. In der näheren Umgebung Deines Klienten gibt es sicher mehrere junge Frauen, die ihm ein christliches Leben äußerst schwer machen würden – wenn Du ihn nur dazu bringen könntest, eine davon zu heiraten! In Deinem nächsten Schreiben erwarte ich darüber Bericht.

Inzwischen mach Dir selbst restlos klar: Dieser Zustand der Verliebtheit, für sich genommen, ist nicht notwendigerweise günstig, weder für uns noch für die Gegenseite, sondern lediglich eine Gelegenheit, die wir und der FEind gleichermaßen auszubeuten suchen. Wie die meisten anderen Dinge, über die sich die Menschen so ereifern – etwa auch Gesundheit oder Krankheit, Jugend oder Alter, Krieg oder Frieden –, ist dieser Zustand, spirituell gesehen, nur Rohmaterial.

LG, Onkel Malfluenzer

20. ✉ Frauen: sach- und typengemäßer Gebrauch

Lieber Warzwurm,

höchst ungehalten nehme ich zur Kenntnis, dass der FEind Deine direkten Attacken auf die sexuelle Enthaltsamkeit des Klienten fürs Erste gewaltsam beendet hat. Du hättest wissen müssen, dass ER das am Ende immer tut, und Du hättest aufhören müssen, bevor dieser Punkt erreicht war. Nach Lage der Dinge hat Dein Mann jetzt die gefährliche Wahrheit entdeckt, dass diese Anfechtungen nicht ewig dauern. So kannst Du unser stärkstes Geschütz nicht nochmal einsetzen: den Irrglauben ignoranter Menschen, dass es keine Aussicht gibt, uns loszuwerden, außer uns nachzugeben. Du hast sicher versucht, ihn zu überzeugen, dass sexuelle Enthaltsamkeit ungesund ist?

Noch immer habe ich von Dir nichts zu jungen Frauen in seiner Nachbarschaft vorliegen und erwarte das umgehend. Wenn wir seine Sexualität schon nicht dazu gebrauchen können, ihn wahllos herumvögeln zu lassen, müssen wir sie wenigstens zur Anbahnung einer profitablen Ehe nutzen. Inzwischen hier einige Tipps zu dem Frauentyp – körperlich, meine ich –, in den er sich verlieben sollte, wenn „Verliebtsein" nun mal das Beste ist, was wir hinbringen können.

Im Groben und Ganzen wird das diesbezügliche Procedere natürlich von Dämonen geregelt, die in der Abwärtsarchie weit tiefer stehen als Du und ich. Diese großen Meister-Trendsetter haben die Aufgabe, in jedem Zeitalter eine allgemeine Fehlausrichtung dessen zu erzeugen, was man sexuelle „Vorlieben" nennen könnte, und zwar mittels eines kleinen Einsatzkommandos aus Popstars, Modemachern, Schauspielern und Influencern, die bestimmen, welcher Typ gerade „in" ist. Es geht darum, die Menschen von solchen Mitgliedern des je anderen Geschlechts abzubringen, mit denen eine spirituell förderliche, glückliche und fruchtbare Ehe am wahrscheinlichsten ist. So haben wir jetzt viele Jahrhunderte lang über die Natur insoweit triumphiert, als wir gewisse sekundäre Geschlechtsmerkmale – wie den Bart – für fast alle Frauen unattraktiv gemacht haben; und da ist mehr dran, als Du vermuten wirst.

Bei den Vorlieben der Männer variieren wir beständig. Es gab Zeiten, in denen wir sie auf die statuenhaft aristokratische Schönheit gelenkt haben; dabei haben wir die Eitelkeit der Männer mit ihren Gelüsten gemischt und die Spezies ermutigt, sich hauptsächlich über die arroganten und verschwendungssüchtigsten Frauen fortzupflanzen. Zu anderen Zeiten haben wir einen übertrieben weiblichen Typ ausgesucht, anämisch und blasiert, so dass Unvernunft und Feigheit und alles, was an Falschheit und Engstirnigkeit damit einhergeht, Konjunktur hatten.

Aktuell verfolgen wir den Gegenkurs. Harte und schräge Musikstile lösen sanfte und romantische ab, und wir lassen nun die Männer auf androgyne, jungenhafte Frauen abfahren. Weil dies ein Schönheitsideal ist, das noch schneller verfällt als die meisten anderen, verstärken wir damit auch die chronische Furcht der Frauen vorm Altwerden (mit vielen exzellenten Resultaten) und machen sie unwilliger und untauglicher, Kinder zu bekommen. Und das ist noch nicht alles.

Wir konnten gesellschaftsweit die Freizügigkeit gewaltig steigern, mit der Schein-Nacktheit (nicht die wirkliche) in der Kunst, auf der Bühne und am Strand zur Schau gestellt werden darf. Natürlich ist das alles Fake. Die Models in der Werbung sind retouchiert. Die echten Frauen sind in Shapeware-Bademode und knallenge Bauch-weg-Hosen gezwängt, um sie schlanker und androgyner aussehen zu lassen, als die Natur einer ausgewachsenen Frau zugesteht. Gleichzeitig jedoch wird der modernen Welt weisgemacht, das alles sei „ungezwungen" und gesund und der Weg zurück zur Natur. Im Ergebnis lenken wir das Begehren der Männer auf etwas, das es nicht gibt – und machen die Rolle des Auges in der Sexualität immer wichtiger und zugleich dessen Ansprüche immer unerfüllbarer. Wozu das führt, ist leicht vorhersehbar.

So weit aktuell der Generalplan. Innerhalb dieses Rahmens kannst Du die Begierde Deines Klienten immer noch in eine von zwei Richtungen steuern. In menschlichen Herzen geistern – wie Du bei jeder eingehenderen Diagnose feststellst – immer mindestens zwei Frauenbilder herum, nämlich eine irdische und eine höllische Venus, und das Begehren der Männer unterscheidet sich je nach Objekt.

Das Begehren nach dem einen Typ Frau ist von seiner Natur her ein Einfallstor für den FEind – es paart sich willig mit Nächstenliebe, ist gern bereit zur Ehe und ganz durchflutet von dem goldenen Licht von Ehrerbietung und Natürlichkeit, das wir verabscheuen. Dann gibt es den anderen Frauentyp, den Männer in brutaler Weise begehren und auch brutal begehren wollen, und solche Frauen gebraucht man am besten, um einen Mann von der Ehe überhaupt abzuhalten; aber auch *in* der Ehe würde er sie tendenziell als Sklavin, Idol oder Komplizin behandeln.

Liebe für den erstgenannten Typ von Frau kann mit sich bringen, was der FEind „Übel“ nennt, allerdings nur zufällig: Der Mann könnte wünschen, dass diejenige nicht die Frau eines anderen wäre, und bedauern, dass er sie nicht nach Recht und Gesetz lieben darf.

Aber bei dem zweitgenannten Frauentyp ist es gerade das Spüren von etwas „Üblem“, was er will: der Kick, den er sucht. An dem Gesicht einer solchen Frau reizt ihn das markant Animalische oder die Verdrossenheit, Gerissenheit oder Grausamkeit und an ihrem Körper gerade die Unvereinbarkeit mit dem, was er üblicherweise „schön" nennt – etwas, das er bei klarem Verstand sogar als hässlich beschreiben würde, das aber dank unserer Kunst den blanken Nerv seiner persönlichen Besessenheit trifft.

Sachgemäß und am ertragreichsten nützt man die höllische Venus zweifellos als Prostituierte oder Geliebte. Doch falls Dein Mann ein Christ ist und gut auf den Unsinn abgerichtet, dass „Liebe" unwiderstehlich ist und alles entschuldigt, kann man ihn oft dazu bringen, sie zu heiraten, und das ist jede Mühe wert. Dann ist man zwar, was außerehelichen Sex oder Masturbation betrifft, gescheitert. Aber es gibt andere, indirektere Wege, einen Mann mittels seiner Sexualität zu ruinieren. Sie sind, nebenbei bemerkt, nicht nur effizient, sondern auch vergnüglich. Das dadurch erzielte Unglück ist von langer Dauer und ausgezeichneter Qualität.

LG, Onkel Malfluenzer

21. ✉ „Mein Teddy, meine Zeit, mein Gott" – Besitzansprüche

Lieber Warzwurm,

genau! Eine Phase sexueller Versuchungen ist der perfekte Zeitpunkt für einen Nebenangriff auf den Missmut Deines Klienten. Das mag sogar der Hauptangriff sein, solange er nur denkt, er sei nachrangig. Aber wie in allen Fällen musst Du auch hier dem moralischen Anschlag den Weg bereiten, indem Du das Denken Deines Kunden trübst.

Menschen werden nicht zornig über bloßes Unglück, sondern über Unglück, das sie als ungerecht empfinden. Und dieser Eindruck entsteht maßgeblich aus dem Gefühl, dass ihnen eine berechtigte Forderung abgeschlagen wurde. Je anspruchsvoller Du also Deinen Klienten gegenüber dem Leben machen kannst, desto öfter wird er sich ungerecht behandelt fühlen und infolgedessen gereizt sein. Nun wirst Du gemerkt haben, dass nichts Deinen Mann so leicht aufbringt, wie wenn ihm eine Zeitspanne, von der er dachte, er habe sie für sich, unversehens geraubt wird: Der unangekündigte Besuch (er wollte sich einen ruhigen Abend machen) oder die redselige Ehefrau seines Freundes (während er sich auf einen Männerplausch gefreut hatte) – das sind die Dinge, die ihn aus der Bahn werfen.

Nun ist er noch nicht so hartherzig oder träge, dass diese kleinen Anschläge auf seine Höflichkeit *als solche* zu viel für ihn sind. Sie erbittern ihn, weil er seine Zeit als sein Eigentum ansieht und empfindet, das werde ihm gestohlen. Deshalb musst Du in seinem Denken eifrig die merkwürdige Annahme wachhalten: „Meine Zeit gehört mir." Er soll fühlen, dass er jeden Tag als rechtmäßiger Besitzer von 24 Stunden beginnt. Lass ihn denjenigen Teil davon, den er seinem Arbeitgeber abtreten muss, schon als einen schmerzhaften Steuersatz empfinden, und den weiteren Teil, den er seinen religiösen Pflichten opfert, als generöse Spende. Nur darf er eben nie einen Moment lang daran zweifeln, dass die Gesamtsumme, von der er diese Abzüge hinnehmen muss, auf irgendeine unerklärliche Weise von Geburt an sein Stammkapital ist.

Dafür braucht es Fingerspitzengefühl. Die Annahme, die Du in ihm dauerhaft verfestigen willst, ist so absurd, dass nicht einmal wir, sobald sie hinterfragt wird, ein Fetzchen von irgendeinem Argument zu ihrer Verteidigung finden können. Keinen einzigen Moment kann der Mensch selbst schaffen oder festhalten, alle Zeit kommt ihm rein als Geschenk zu; ebenso gut könnte er Sonne und Mond als sein Mobiliar ansehen. Zudem ist er – theoretisch – verpflichtet, dem FEind rückhaltlos zu dienen; und wenn ER ihm personifiziert vor Augen träte und diesen Dienst einforderte, sogar für 24 Stunden, würde der Klient sich nicht weigern. Er wäre ungeheuer erleichtert, wenn dieser Tag nichts Schlimmeres mit sich brächte, als dem Geschwätz einer albernen Frau zuhören zu müssen; und er wäre sogar bis an den Rand der Enttäuschung erleichtert, wenn der FEind für eine halbe Stunde innerhalb jenes Tages sagte: „Jetzt darfst du gehen und dich amüsieren."

Falls er nun auch nur einen Moment lang nachdenkt, muss sogar er unweigerlich erkennen, dass er in dieser Situation faktisch jeden einzelnen Tag ist. Wenn ich also sage, Du sollest die oben genannte Anmaßung in ihm verfestigen, ist wirklich das Letzte, das ich meine, dass Du ihm irgendwelche Argumente für sie liefern sollst! Denn es gibt keine. Deine Aufgabe ist ausschließlich präventiv. Lass seine Gedanken dem Punkt nie auch nur nahekommen. Umwickle ihn ganz mit Dunkelheit – und in deren Zentrum lass seine Vorstellung, Herr seiner Zeit zu sein, verborgen liegen: stumm, unbemerkt und wirksam.

Besitzgefühle sind generell zu bestärken. Die Menschen erheben dauernd Besitzansprüche, die in Himmel und Hölle gleichermaßen spaßig erscheinen – und wir müssen sie wachhalten. Ein Großteil des zeitgenössischen Widerstands gegen die sexuelle Enthaltsamkeit entsteht daraus, dass die Menschen glauben, ihre Körper gehörten ihnen – diese weiten und gefährlichen, von weltschöpferischen Energien durchströmten Gebiete, in die sie sich ohne ihr Zutun eingesetzt finden und aus denen sie verbannt werden, wenn es dem ANDEREN gefällt! Das ist so, als komme irgendein Königsbalg, dem der Vater – einfach als Liebesgeste – den Titel eines Befehlshabers über eine große Provinz verliehen hat (während sie de facto von klugen Ratgebern verwaltet wird), auf die Idee, diese Städte, Wälder und Felder gehörten tatsächlich ihm wie das Lego am Boden des Kinderzimmers.

Wir erzeugen solche Besitzgefühle nicht nur durch Hochmut, sondern auch durch Irreführung. Wir konditionieren die Menschen darauf, die unterschiedlichen Bedeutungen des Possessivpronomens nicht wahrzunehmen – die fein abschattierten Unterschiede, die von „meine Stiefel" über „mein Hund", „mein Personal", „meine Frau", „mein Vater", „mein Lehrer", „mein Boss" zu „mein Land" und zu „mein Gott" reichen. Man kann den Menschen dazu erziehen, all diese Bedeutungen auf diejenige von „meine Stiefel" zu reduzieren, das Eigentums-Mein. Schon ein Kleinkind kann dazu gebracht werden, mit „mein Teddy" nicht den alten, durch Phantasie belebten Gegenstand seiner Zuneigung zu meinen, zu dem es eine besondere Beziehung unterhält (diese Bedeutung bringt die Pädagogik des FEindes hervor, wenn wir nicht aufpassen!), sondern: „der Bär, den ich, wenn ich mag, in Stücke reißen kann". Und am spirituellen Ende der Skala haben wir ihnen beigebracht, „mein Gott" nicht in wesentlich anderem Sinne zu sagen als „meine Stiefel" und damit zu meinen: „der Gott, an den ich wegen meiner hervorragenden Verdienste Ansprüche habe und den ich missionierend ausbeute – der Gott, der marktbeherrschend mir gehört".

Der Witz ist dabei immer, dass das Wort „mein" – in der Vollbedeutung als ‚Eigentum' – von den Menschen für rein gar nichts gebraucht werden kann. Auf lange Sicht wird entweder Unser Vater oder der FEind „Mein" sagen zu allem, was existiert, und im Besonderen zu jedem Menschen. Du kannst Dich darauf verlassen: Schlussendlich werden sie herausfinden, *wem* ihre Zeit, ihre Seelen und Körper wirklich gehören – und wie immer das ausgeht: jedenfalls sicher nicht *ihnen*!

Gegenwärtig sagt der FEind „Mein" zu allem auf der pedantisch-legalistischen Basis, dass er es geschaffen hat. Letzten Endes aber wird Unser Vater – wie er hofft – dazu „Mein" sagen aus dem realistischeren und dynamischeren Grund, es erobert zu haben.

LG, Onkel Malfluenzer

22. ✉ Das ganze Haus ist verpestet (...)

Lieber Warzwurm,

so!!! Dein Mann hat sich verliebt – und in der schlimmstmöglichen Weise –, und das Mädchen taucht in Deinem letzten Bericht nicht einmal auf!

Es dürfte Dich interessieren, dass das kleine Missverständnis mit der Geheimen Infernalen Staatspolizei, das Du wegen einiger unvorsichtiger Formulierungen in meiner letzten Mail angezettelt hast, beigelegt ist. Falls Du darauf gerechnet hast, Dir meine Protektion zu sichern, liegst Du falsch. Du wirst dafür zahlen, ebenso wie für Deine anderen Patzer. Einstweilen schicke ich Dir eine gerade herausgekommene Broschüre über das neue Straflager für unfähige Versucher. Sie ist reich illustriert, Du wirst keine langweilige Seite darin finden.

Ich habe mir die Personalakte dieses Mädchens kommen lassen und bin entsetzt über das, was ich finde. Nicht nur eine Christin, sondern *so eine*: ein gewöhnlicher, leisetreterischer, albern lächelnder, spröder, einsilbiger, mausig farbloser und unbedeutender Teenie, noch dazu jungfräulich. Kleinvieh! Zum Kotzen. Sie stinkt und ätzt sogar noch aus den Aktenseiten heraus. Ich könnte ausrasten, wie die Welt heruntergekommen ist. Sowas hätten wir früher in der Arena entsorgt. Dafür ist ihresgleichen da. Bloß hätte sie auch da nicht viel getaugt. Eine kleine, doppelgesichtige Schwindlerin (die Art kenne ich): Sieht aus, als ob sie beim Anblick des kleinsten Blutströpfchens in Ohnmacht fällt, und stirbt dann mit einem Lächeln. Eine Schwindlerin in jeder Hinsicht! Gibt sich kühl wie 'ne Gurke oder lammfromm, und hat doch einen beißenden Witz. Die Art von Geschöpf, die *mich* komisch finden würde! Ein dreckiges, fades Mimöschen Rühr-mich-nicht-an – und doch bereit, diesem Tölpel in die Arme zu fallen wie jedes andere Zuchtvieh. Warum zerstrahlt sie nicht der FEind dafür – so jungfräulichkeitsversessen wie ER ist –, statt grinsend zuzusehen?

Im Grund Seines Herzens ist ER ein Hedonist. Alle diese Fastenübungen, nächtlichen

Andachten, Scheiterhaufen und Kreuze: reine Fassade oder Wellenschaumschlägerei am Ufer. Draußen, auf See, auf Seinem Meer, da ist Vergnügen über Vergnügen. ER macht daraus kein Geheimnis. Zu Seiner Rechten ist „Fülle der Freuden auf ewig". Abartig! Ich denke, ER hat nicht die geringste Ahnung von dem tiefen und düsteren Mysterium, in das wir uns zur All-Elendigenden Vision versenken. ER ist primitiv, Warzwurm, ER ist ein Spießer. ER hat Seine Welt mit Annehmlichkeiten gefüllt. Den ganzen Tag können Menschen etwas tun, ohne dass es IHN irgend stört – schlafen, waschen, essen, trinken, sich lieben, spielen, beten, arbeiten. All das muss erst *verkehrt* werden, bevor es uns Gewinn bringt. Wir sind im Kampf grausam benachteiligt. Nichts ist von Natur aus auf unserer Seite. (Nicht, dass Dich das entschuldigt. Mit Dir werde ich noch abrechnen. Du hast mich immer gehasst und warst unverschämt, wann immer Du Dich getraut hast.)

Natürlich lernt Dein Klient dann auch die Familie und die ganze Bekanntschaft des Mädchens kennen. War Dir nicht klar, dass er gerade ein Haus wie das ihre keinesfalls hätte betreten dürfen? Alles dort verströmt diesen Todesgestank. Selbst der Gärtner beginnt ihn anzunehmen, obwohl er erst fünf Jahre dort ist. Wer auch nur übers Wochenende darin zu Gast war, trägt etwas von dem Mief davon. Hund und Katze sind damit verpestet.

Zudem ein Haus übervoll von dem undurchdringbaren Geheimnis. Wir sind sicher (das ist ein Grundsatz!), dass jedes einzelne Familienmitglied in irgendeiner Weise aus den anderen Profit schlägt – bloß das *Wie* können wir nicht herausfinden. Sie hüten das Geheimnis, das wirklich hinter dieser angeblich uneigennützigen Liebe steckt, so eifersüchtig wie der FEind selbst. Das ganze Anwesen – Haus und Garten – ist eine maßlose Obszönität. Es ähnelt ekelerregend der Beschreibung, die ein menschlicher Autor vom Himmel gegeben hat: „die Sphäre, in der einzig reinstes Leben herrscht, so dass dort alles bis auf Musik nur Stille ist."

Musik und Stille – wie ich beides hasse! Wie dankbar müssen wir sein, dass, seit Unser Vater die Hölle angetreten hat – d. h. seit längerer Zeit, als Menschen ausdrücken könnten, obwohl sie in Lichtjahren rechnen –, kein Quadratzentimeter höllischen Raums und kein

Sekundenbruchteil infernalischer Zeit einer dieser beiden abscheulichen Mächte ausgeliefert blieb, sondern alles von Lärm erfüllt ist! Lärm, die große Dynamik, der Sound von allem, was Triumph, Rücksichtslosigkeit und Macho-Power ist! Lärm, der allein uns schützt vor dummer Mutlosigkeit, Skrupeln der Verzweiflung und niemals stillbarer Sehnsucht. Am Ende werden wir das ganze Universum zu Lärm machen. Was die Erde angeht, sind wir da schon weit gekommen. Alle Melodie und Stille des Himmels werden endlich niedergebrüllt sein. Noch – ich gebe es zu – sind wir nicht laut genug, nicht auch nur annähernd. Aber unsere Forschung ist unaufhaltsam. Inzwischen wirst *Du*, aasiger kleiner …

[Hier bricht das Dokument ab und wird in Kursivschrift fortgeführt]

In der Hitze des Schreibens habe ich mich offenbar gehen lassen und mich versehentlich in einen gewaltigen Tausendfüßler verwandelt. Daher diktiere ich den Rest meiner Sekretärin. Die Verwandlung selbst ist, wie ich jetzt nach ihrer Vollendung erkenne, ein rekurrentes Phänomen. Ein Gerücht davon hat die Menschen erreicht, und eine verzerrte Schilderung davon findet sich bei dem Dichter John Milton, mit dem lächerlichen Zusatz, solche Metamorphosen seien eine vom FEind über uns verhängte „Strafe". Ein neuerer Autor – er hieß irgendwie Njetsche oder so – hat dagegen die Wahrheit erraten. Verwandlung geschieht von innen und ist eine herrliche Manifestation jener schieren unbändigen Lebenskraft, die Unser Vater anbeten würde, wenn er je anderes anbetete als sich selbst. Wie ich jetzt bin, liegt mir mehr denn je daran, Dich zu sehen und Dich mir in einer unlöslichen Umarmung zu vereinen.

Für seine Niederträchtigste Infernalität
Oberfurzsiegelbewahrer und Staatssekretär
De. Prof.(undis) h.c. etc. etc. Malfluenzer

i.V. Giftpfeyff-Mordunke
(alias Krätznhuberin)

23. ✉ Den „historischen Jesus" immer fördern!

Lieber Warzwurm,

durch das Mädchen und seine eklige Familie lernt Dein Klient jetzt jeden Tag mehr Christen kennen, und sehr intelligente noch dazu. So wird es auf längere Zeit unmöglich sein, Spiritualität aus seinem Leben zu eliminieren. Na schön, dann müssen wir sie eben pervertieren.

In Deiner Grundausbildung hast Du zweifellos oft geübt, Dich als Engel des Lichts zu tarnen. Nun ist die Zeit gekommen, das im Angesicht des FEindes zu tun. Die Versuchungen der Weltlichkeit und des Fleisches haben uns nichts gebracht. Noch bleibt uns die Dritte Macht. Und ein Triumph auf diesem dritten Weg ist der ruhmvollste von allen. Ein verdorbener Heiliger, ein Pharisäer, ein Inquisitions-Fanatiker oder ein Okkultist sind in der Hölle ein weit heißerer Event als ein gewöhnlicher Diktator oder Hurenbock.

Nachdem ich mich im Kreis der neuen Freunde Deines Klienten umgetan habe, denke ich, die Grenzlinie zwischen Politik und Theologie ist für einen Angriff am aussichtsreichsten. Etliche seiner neuen Freunde sind sehr feinfühlig für die sozialen Implikationen ihrer Religion. Das ist – für sich genommen – schlecht; aber man kann es zum Guten lenken.

Du wirst feststellen: Viele christlich-politische Intellektuelle denken, dass das Christentum schon sehr früh anfing, den rechten Weg zu verfehlen, und sich von der Lehre seines Begründers entfernte. Wir müssen nun diesen Gedanken nutzen, um wieder einmal die Vorstellung eines „historischen Jesus" stark zu machen, der erkannt werden kann, wenn man alle späteren „An- und Überlagerungen" tilgt und der dann gegen die gesamte christliche Tradition in Stellung gebracht wird. Vor ein paar Generationen haben wir die Konstruktion eines solchen „historischen Jesus" entlang der Leitlinien von Liberalismus und Mitmenschlichkeit gefördert; aktuell forcieren wir einen neuen „historischen Jesus" entlang der Linien von Nationalismus, Katastrophismus und Antidemokratismus.

Diese Konstrukte, die wir weiterhin im Rhythmus eines – sagen wir – Dreißig-Jahres-Plans ändern werden, haben für uns vielfache Vorteile. Erstens richten sie jede Form menschlicher Frömmigkeit auf etwas, das nicht existiert, denn jeder „historische Jesus" ist unhistorisch. Die Quellen sagen einzig, was sie sagen, und nichts kann ihnen hinzugefügt werden; jeder neue „historische Jesus" muss deshalb zwangsläufig aus ihnen herausgelesen werden: durch Betonung mancher Aspekte und durch Marginalisierung anderer – d. h. letztlich mittels einer Art Spekulation („brillant" haben wir als Adjektiv dafür bei den Menschen eingeführt), auf die niemand im wirklichen Leben 10 Cent setzen würde, das aber großartig dazu taugt, mit jedem Herbstprogramm der Verlage haufenweise neue Napoleons, Shakespeares oder Goethes zu produzieren.

Zweitens begründen all diese Konstrukte die Bedeutung ihres „historischen Jesus" in irgendeiner spezifischen Lehrmeinung, die er verkündigt haben soll. Er muss unbedingt ein „charismatisch bedeutender Mann" im zeitgenössischen Verständnis des Wortes sein – jemand, der am Endpunkt einer zentrifugalen und unausgewogenen Denklinie steht – ein Freak, der ein Universalheilmittel verkauft.

So lenken wir die Menschen von der Frage ab, wer ER ist und was ER getan hat. Zunächst lassen wir IHN einzig als großen Lehrmeister erscheinen und verbergen dann die substantielle Übereinstimmung zwischen Seinen Lehren und denen aller anderen großen Moralphilosophen. Denn unsere Klientel darf keinesfalls merken, dass der FEind alle großen Moraltheoretiker letztlich nicht deshalb schickt, um den Menschen neue Erkenntnisse zu vermitteln, sondern um sie zu erinnern und ihnen die uralten moralischen Gemeinplätze wieder bewusst zu machen – während wir uns ständig bemühen, sie zu verschleiern. Wir züchten die Sophisten: ER bietet einen Sokrates auf, um sie zu widerlegen.

Unser drittes Ziel beim Einsatz dieser Konstrukte ist die Zerstörung von Andacht. Die Gegenwärtigkeit des FEindes, die sonst von den Menschen in Gebeten oder in den Sakramenten erfahren wird, ersetzen wir durch eine lediglich wahrscheinliche, entfernte, schattenhafte und ungehobelte Figur, die eine fremde

Sprache sprach und schon lange tot ist. Zu so einem Objekt kann man tatsächlich nicht beten. Statt eines Schöpfers, den sein Geschöpf liebt, haben wir dann bald bloß mehr einen Anführer, der von seinen Gesinnungsgenossen gefeiert wird, und schließlich eine epochenspezifische Ausnahmefigur, die ein urteilsfähiger Historiker anerkennt.

Und viertens ist eine Religion dieser Art nicht nur in dem von ihr gezeichneten Jesus-Bild unhistorisch, sondern verfälscht die Geschichte noch in einem weiteren Sinn. Keine Nation und nur sehr wenige Einzelne kommen faktisch ins Lager des FEindes, indem sie sich geschichtswissenschaftlich mit der Biographie Jesu beschäftigen, schlicht als Lebensbeschreibung gelesen. Tatsächlich wurde nämlich das Quellenmaterial für eine vollständige Biographie den Menschen vorenthalten. Die frühesten Christen wurden bekehrt durch eine einzige historische Tatsache (die Auferstehung) und eine einzige theologische Lehre (die Erlösung) und beides wurde in ihnen wirksam aufgrund eines Sündenbewusstseins oder Gefühls von Sündhaftigkeit, das sie schon hatten – einer Sünde nicht gegen irgendeinen modischen

Mumpitz von Gesetz, den ein „charismatisch bedeutender Mann“ als epochales Novum etabliert hatte, sondern gegen jenes alte, platte, universelle Moralgesetz, das ihnen von ihren Eltern und Kindermädchen beigebracht worden war. Die „Evangelien“ kamen später und wurden geschrieben, nicht um neue Christen zu gewinnen, sondern um die schon Bekehrten innerlich zu stärken.

Der „historische Jesus“ ist folglich – wie gefährlich er uns punktuell scheinbar werden kann – immer zu fördern. Was nun die Verbindung von Christentum und Politik im Allgemeinen anbelangt, ist unsere Position prekärer. Fraglos möchten wir nicht, dass die Menschen ihr Christentum auf die Politik übergreifen lassen, denn die Errichtung von etwas wie einer wirklich gerechten Gesellschaft wäre ein kapitales Desaster.

Doch wir möchten durchaus und sehr entschieden, dass Menschen das Christentum als Mittel zum Zweck behandeln; am liebsten natürlich als ein Mittel für ihr eigenes Vorwärtskommen, aber – falls nicht dafür – eben als Mittel einfach für irgendetwas, notfalls auch für soziale Gerechtigkeit. Das gebotene Procedere ist also:

Man muss einen Menschen zunächst dazu bringen, dass er soziale Gerechtigkeit wertschätzt, weil der FEind sie gebietet, und ihn dann so lange weiter bearbeiten, bis er das Christentum wertschätzt, weil es als Mittel zur Herbeiführung sozialer Gerechtigkeit taugt. Denn der FEind lässt sich nicht bequem instrumentalisieren. Einzelne Menschen oder ganze Nationen, die denken, sie könnten durch eine Wiederbelebung des Glaubens eine gute Gesellschaftsordnung herstellen, könnten ebenso gut die Jakobsleiter als Abkürzung zum nächsten Drogeriemarkt ansehen.

Glücklicherweise ist es relativ einfach, die Menschen in dieser Richtung zu beschwatzen. Erst heute fand ich bei einem christlichen Autor eine Passage, worin er seine eigene Variante des Christentums mit dem Argument anpreist, nur ein „so gearteter Glaube“ könne „den Untergang der alten Kulturen und die Geburt neuer Zivilisationen“ überleben. Du siehst die kleine Verschiebung? „Glaube das – nicht, weil es wahr ist, sondern aus irgendwelchen anderen Gründen“. So geht Bingo.

LG, Onkel Malfluenzer

24. ✉ VIP-Denken

Lieber Warzwurm,

ich habe mich mit Šleimgleißner kurzgeschlossen, der die Freundin Deines Klienten betreut, und ich sehe jetzt die Stelle, wo man sie treffen kann: ein klitzekleines unscheinbares Laster, das sie mit fast allen Frauen gemeinsam hat, die in einem intelligenten, durch einen klaren Glauben geprägten Umfeld aufgewachsen sind, nämlich die weitgehend unreflektierte Annahme, dass Außenstehende, die diesen Glauben nicht teilen, einfach zu dumm dazu sind, und sie daher nicht ernst zu nehmen. Männer, die solchen Außenstehenden regelmäßig begegnen, empfinden nicht so, und ihr Selbstvertrauen, so sie denn eines haben, ist anders geartet.

Das ihrige, von dem sie meint, es erwachse aus dem Glauben, ist in Wirklichkeit größtenteils Mimikry, eine Art Färbung, die sie von ihrer Umgebung angenommen hat. Es ähnelt sehr der Überzeugung, mit der sie als Zehnjährige das Fischbesteck im Haus ihrer Eltern als das eigentliche, normale oder „echte“ wusste, während die der Nachbarfamilien gar keine „richtigen Fischbestecke“ waren. Nun liegt in alledem so viel an Ignoranz und Naivität und so wenig geistlicher Hochmut, dass wir von dem Mädchen selbst kaum etwas hoffen können. Aber hast Du bedacht, wie man es nutzen kann, um auf Deinen Klienten einzuwirken?

Es sind doch immer die Anfänger, die übertreiben. Der Emporkömmling pflegt überkultivierte Manieren, der junge Wissenschaftler ist pedantisch – und in jenem neuen Kreis ist Dein Klient der Newcomer. Er trifft dort täglich auf christliches Leben, wie er es sich bislang nicht einmal vorstellen konnte, und sieht es durch eine rosa Brille, denn er ist verliebt. Er ist ängstlich bemüht, diese Lebensweise nachzuahmen (was ihm der FEind tatsächlich befiehlt). Kannst Du ihn dazu bringen, auch die spezielle *Schwäche* seiner Geliebten zu imitieren und zu übertreiben, bis das, was bei ihr lässlich war, sich bei ihm zur stärksten und schönsten Sünde auswächst – zu geistlichem Hochmut?

Die Voraussetzungen scheinen geradezu ideal. Der Kreis, in dem er jetzt verkehrt, ist von einer

Art, dass es, abgesehen vom Christentum dieser Leute, noch viele andere Gründe gibt, die ihn zu Hochmut verführen. Sie sind gebildeter, intelligenter und angenehmer als jede Gesellschaft, der er bisher begegnet ist. Zudem gibt er sich über seine Rolle bei ihnen in gewissem Maße Illusionen hin. Der jungen Frau hält er sich – unter dem Einfluss von „Liebe“ – vielleicht noch für unwürdig; aber gegenüber den anderen gewöhnt er sich jedes Inferioritätsempfinden immer schneller ab. Er ahnt nicht entfernt, wie viel sie ihm aus Nächstenliebe nachsehen und wie sehr sie ihn von seiner besten Seite nehmen, weil er jetzt zur Familie gehört. Nicht mal im Traum schwant ihm, wie viel von seinen Äußerungen und Ansichten sie sofort als das Echo ihrer eigenen erkennen.

Noch viel weniger vermutet er, wie viel von dem intensiven Vergnügen, das er an ihnen hat, auf die erotische Bezauberung zurückzuführen ist, die das Mädchen in seinen Augen über ihre ganze Umgebung verbreitet. Er denkt, er schätze die Gespräche und Lebensart dieser Leute, weil ihre Spiritualität und die seine in etwa übereinstimmen. Tatsächlich sind sie ihm so unerreichbar, dass er ohne seine Verliebtheit nur verstört und abgestoßen wäre von vielem, was er jetzt akzeptiert. Er ist wie ein Hund, der – bloß, weil ihn Jagdinstinkt und Liebe zum Herrchen einen Jagdtag genießen lassen – meint, etwas von Schusswaffen zu verstehen!

Hier liegt Deine Chance. Während der FEind – mittels der erotischen Anziehung und einiger sehr umgänglicher, in Seinen Diensten schon weit fortgeschrittener Leute – den kleinen Barbaren auf ein Niveau hebt, das er sonst nie hätte erreichen können, musst Du ihn fühlen lassen, er sei eben dabei, sein *eigenes* Niveau zu finden – diese Leute seien „seinesgleichen" und er bei ihnen angekommen als in seinem eigentlichen Zuhause.

Wenn er sich von ihnen weg- und in andere Gesellschaft begibt, wird er diese langweilig finden, teils weil alle anderen innerhalb seiner sozialen Reichweite tatsächlich weniger anregend *sind*, vor allem aber, weil ihm der Zauber der jungen Frau fehlt. Du musst ihm beibringen, den Unterschied zwischen der Runde, die ihn begeistert, und derjenigen, die ihn anödet, als den zwischen Christen und Ungläubigen zu missdeuten. Man muss ihn fühlen lassen (was er allerdings besser nicht in Worte fassen sollte): „wie ganz anders doch wir Christen sind“! Und mit „wir Christen“ muss er, ohne es zu wissen, meinen: „mein Umfeld“ und damit wiederum soll er nicht etwa meinen: „die Menschen, die mich in ihrer Nächstenliebe und Bescheidenheit angenommen haben“, sondern: „die Leute, deren Umgang mir zusteht“.

Der Erfolg beruht auch hier auf einer Verwirrstrategie. Wenn Du ihn ausdrücklich und erklärtermaßen stolz darauf machst, ein Christ zu sein, wirst Du wahrscheinlich scheitern. Die Warnungen des FEindes sind zu bekannt. Wenn Du hingegen die Idee „wir Christen“ versickern lässt und ihn lediglich selbstzufrieden machst mit „seinem Umfeld“, erzeugst Du keinen wahren geistlichen Hochmut, sondern nur soziale Eitelkeit, eine vergleichsweise wertlose, kläglich mickrige Sünde.

Du willst deshalb erreichen, dass sich all seinem Denken eine beständige verschlagene Selbstbeglückwünschung beimischt, und er darf sich dabei nie fragen: „Wozu genau beglückwünsche ich mich eigentlich?“ Die Vorstellung, zu einem „engsten Kreis“ zu gehören, ein Geheimnisträger zu sein, ist sehr erhebend für ihn. Spiel ihm immer wieder diesen Nervenkitzel ein!

Trainiere ihm – durch den Einfluss des Mädchens, wenn es am dümmsten ist – eine amüsierte Haltung gegenüber den Äußerungen der „Ungläubigen“ an. Einige Theorien, auf die er in gewissen Kreisen moderner Christen stoßen kann, sind hier hilfreich. Ich denke da an Theorien, die als Hoffnung für die Gesellschaft auf etwas wie einen „Inneren Ring“ von „Sachwaltern“ setzen, eine gut ausgebildete Theokraten-Elite. Ob diese Theorien wahr oder falsch sind, kann Dir gleich sein. Die Hauptsache ist, aus dem Christentum einen Mysterienkult zu machen, in dem er sich als Eingeweihter fühlt.

Bitte labere mich in Deinen Berichten nicht voll mit Schwachsinn über den Krieg. Fraglos ist es von Bedeutung, wozu er letztlich führt, aber das ist eine Angelegenheit für die Abgründige Generalität. Mich interessiert nicht im Geringsten, wie viele Menschen den Bomben zum Opfer gefallen sind. In welcher Haltung sie gestorben sind, kann ich hier unten im Zentralbüro erfahren. Dass sie mal sterben mussten, war mir klar. Konzentrier Dich gefälligst auf Deine Arbeit.

LG, Onkel Malfluenzer

25. ✉ Die Sucht nach was Neuem und Fehlinvestitionen in Feuerlöscher

Lieber Warzwurm,

das eigentliche Problem mit den Leuten, bei denen Dein Klient jetzt verkehrt, ist, dass sie *nur* Christen sind. Natürlich haben sie alle individuelle Interessen, aber die Bindung zwischen ihnen bleibt allein das Christentum. Wir dagegen wollen die Menschen – wenn sie schon Christen werden – in einer Einstellung halten, die ich „Christentum *und* …" nenne. Du kennst ja die Liste: Christentum und die Krise, Christentum und Neue Psychologie, Christentum und die Neue Ordnung, Christentum und Glaubensheilung, Christentum und wissenschaftliche Psychologie, Christentum und Vegetarismus, Christentum und Sprachreform etc. Wenn sie schon Christen sein müssen, dann wenigstens jeweils ‚mit dem kleinen Unterschied'. Ersetze den Glauben selbst durch irgendeine Mode mit christlichem Anstrich. Arbeite dafür mit dem Horror der Menschen vor dem Immergleichen.

Dieser Horror ist eine der wertvollsten Leidenschaften, die wir im Herzen der Menschen erzeugt haben – eine unerschöpfliche Quelle von Ketzereien in der Religion, Aberwitz in der Politik, Untreue in der Ehe und Unbeständigkeit in der Freundschaft.

Die Menschen leben in der Zeit und erfahren die Realität chronologisch. Deshalb müssen sie, um viel davon aufnehmen zu können, zahlreiche verschiedene Dinge ausprobieren, d. h. vor allem Abwechslung erleben. Und da sie Wechsel und Veränderung brauchen, hat der FEIND (der alte Hedonist!) sie ihnen angenehm gemacht, genau wie ER auch das Essen angenehm gemacht hat.

Aber da ER nicht will, dass sie den Wechsel – oder das Essen – als Selbstzweck auffassen, hat ER ihnen als Gegengewicht zu dieser Veränderungsliebe auch eine Liebe zum Dauerhaften mitgegeben. ER hat es so eingerichtet, dass beide Neigungen in derselben Welt, in Seiner Schöpfung, Befriedigung finden: durch eine Einheit von Dauer und Wechsel, die wir Rhythmus nennen. ER gibt ihnen die Jahreszeiten, die sich alljährlich gleichen und doch immer anders sind, so dass der Frühling jedes Mal als etwas Neues empfunden wird und zugleich als etwas, das von jeher wiederkehrt. Er gibt ihnen in Seiner Kirche den Geistlichen Jahreslauf, sie gehen vom Fasten zum Fest über – aber es ist dasselbe Fest alle Jahre wieder.

Nun können wir – genau wie wir das Vergnügen am Essen herausgreifen und es ins Extrem treiben, um Fress- oder Genusssucht hervorzubringen – auch die natürliche Freude am Wechsel aufgreifen und zu einer Sucht nach dem radikal Neuen verdrehen. Diese Sucht verdankt sich ganz unserer Kunstfertigkeit! Sobald wir darin nachlässig sind, werden die Menschen nicht nur zufrieden, sondern sogar glücksentrückt sein über die Mischung von Neuem und Vertrautem in den Schneeglöckchen *dieses* Januars, im *heutigen* Sonnenaufgang, der diesmal besonders guten Weihnachtsgans. Kinder werden – bis wir ihnen Besseres beibringen – vollkommen glücklich sein mit dem jahreszeitlichen Wechsel von Spielen, worin nach der Gummi-Twist-Zeit das Kastaniensammeln beginnt, wie eben der Herbst regelmäßig auf den Sommer folgt. Nur durch unseren unablässigen Einsatz wird das Bedürfnis nach unaufhörlichem – oder unrhythmischem – Wechsel aufrechterhalten.

Dieses Bedürfnis ist in vieler Weise wertvoll. Erstens mindert es das Vergnügen, während es das Begehren anheizt. Das Vergnügen am Neuen ist von seiner Natur her mehr als jedes andere dem Gesetz der sinkenden Rendite unterworfen. Zudem ist das jeweils Neueste kostspielig, so dass das Verlangen danach Geldgier oder Unglück verheißt oder beides. Und auch hier: Je raffgieriger dieses Begehren ist, desto rascher zehrt es zwangsläufig alle unschuldigen Quellen des Vergnügens auf und geht zu denen über, die der Feind verbietet. Beispielsweise ist es uns, indem wir den Horror vor dem Immergleichen stimuliert haben, vor kurzem geglückt, die Künste für uns ungefährlicher zu machen als vielleicht je zuvor. Denn so sind nun Kunstschaffende des populären Mainstream wie der Avantgarde gleichermaßen getrieben, immer neue und unerhörtere Exzesse von Geilheit, Irrationalität, Tabubruch, Grausamkeit und Überheblichkeit zu entwickeln. Und nicht zuletzt ist das Bedürfnis nach dem Neuen unerlässlich, wenn wir Moden, Trends und Hypes generieren wollen.

Der Nutzen von Trends im Bereich des Denkens besteht darin, dass sie die Aufmerksamkeit der Menschen davon abziehen, was sie tatsächlich gefährdet. In jeder Generation machen wir es modern, sich über das Laster zu entrüsten, zu dem sie am wenigsten neigt, und fixieren umgekehrt ihre Bejahung auf eine Tugend, die demjenigen Laster am nächsten liegt, das wir gerade pandemisch machen möchten. Bei diesem Spiel lässt man sie alle bei Hochwasser mit Feuerlöschern herumrennen oder sich alle auf die Seite des Bootes drängeln, wo die Bordkante schon fast unter Wasser liegt.

So machen wir es zur Mode, ausdrücklich vor den Gefahren des Enthusiasmus zu warnen – genau in einer Zeit, in der ohnehin alle lau und weltzufrieden werden. Im Jahrhundert darauf, wenn wir sie effektiv alle zu Gefühlsjunkies machen, muss sich der Dernier Cri gegen die Gefahren der Verkopftheit richten. Grausame Epochen müssen sich gegen Rührseligkeit wappnen, faule und verbummelte gegen Ehrbarkeit und Korrektheit, sexlüsterne gegen Prüderie – und immer, wenn Menschen faktisch in eine Diktatur oder Selbstversklavung hineinrennen, machen wir die liberale Grundordnung zum Haupt-Schreckgespenst.

Aber der größte Triumph besteht darin, den Horror vor dem Immergleichen zu einer Philosophie zu erheben, so dass Blödsinn im Intellekt zur Korruption des guten Willens beiträgt. Speziell hier ist der evolutionäre bzw. historisierende Grundzug des Europäischen Denkens (großteils unser Werk!) zweckdienlich.

Der Feind liebt Alltagswahrheiten. Er möchte, dass die Menschen – soweit ich sehen kann – bei jedem Vorhaben ganz simple Fragen stellen: Ist es gerecht? Ist es klug? Ist es möglich? Sofern wir es nun fertigbringen, dass sie sich ständig fragen: „Steht es im Einklang mit dem Zeitgeist? Ist es fortschrittlich oder reaktionär? Entspricht es dem Gang der Geschichte?“, dann werden sie die wirklich relevanten Fragen vernachlässigen. Wonach sie aber stattdessen fragen, das ist selbstredend unbeantwortbar; denn die Menschen kennen ja die Zukunft nicht, und wie diese aussehen wird, hängt maßgeblich von eben jenen Entscheidungen ab, für die sie – als Behelf, um sie treffen zu können – die Zukunft heraufbeschwören. Als Endeffekt haben wir, während ihr Verstand in dieser Leere herumdröhnt, weit bessere Chancen, dazwischenzuschlüpfen und sie zu dem Handeln zu drängen, das *wir* beschlossen haben. Da wurde schon große Arbeit geleistet!

Früher wussten die Menschen noch, dass einige Veränderungen zum Besseren führen und andere zum Schlechteren und wieder andere neutral sind. Dieses Wissen haben wir weitgehend aus der Welt geschafft. Das deskriptive Adjektiv „unverändert" haben wir durch das emotional konnotierte „stagnierend" ersetzt. Dank unseres Trainingsprogramms betrachten die Menschen die Zukunft als Gelobtes Land, das nur auserwählte Helden erreichen – und nicht als etwas, dem jeder mit der Geschwindigkeit von sechzig Minuten pro Stunde näherkommt, wer er auch ist und was er auch tut.

LG, Onkel Malfluenzer

26. ✉ Konflikttechniken für Fortgeschrittene (die Große Altruismus-Konflikt-Illusion)

Lieber Warzwurm,

ja! Die Verlobungsphase ist die richtige Zeit, um zu säen, was zehn Jahre später als häuslicher Hass aufgehen wird. Die Bezauberung durch ungestilltes Verlangen sorgt für Resultate, die man den Menschen als Ergebnisse der Nächstenliebe verkaufen kann. Bediene Dich der Doppeldeutigkeit in dem Wort „Liebe“: Lass sie denken, dass sie durch Liebe Probleme gelöst haben, die sie in Wahrheit unter dem Einfluss der Verliebtheitszaubers nur durchgewinkt oder aufgeschoben haben. Derweil hast Du die Gelegenheit, die Probleme im Verborgenen zu päppeln und chronisch werden zu lassen.

Das grandioseste davon ist das der „Selbstlosigkeit“. Auch hier: Schau Dir die bewundernswerte Leistung unserer Philologischen Spezialeinheit an, da sie die negative Formulierung ‚Selbstlosigkeit‘ anstelle der positiven ‚Nächstenliebe‘ des FEindes eingeführt hat. Dank dieser Leistung kannst Du einen Menschen von Anfang an dahin bringen, dass er etwas, was ihm selbst nützt oder guttut, an andere abtritt – nicht: um sie dadurch glücklich zu machen, sondern um durch den Verzicht die eigene Selbstlosigkeit genießen zu können. Entscheidender Punktgewinn für uns!

Sehr hilfreich ist außerdem – wenn Mann und Frau involviert sind – die unterschiedliche Auffassung der Selbstlosigkeit, die wir bei den Geschlechtern aufgebaut haben. Eine Frau versteht darunter hauptsächlich, „sich für andere zu bemühen“, ein Mann dagegen, „anderen keine Mühe zu machen“. Infolgedessen macht eine Frau, die im Dienst des FEindes weit fortgeschritten ist, sich in weit stärkerem Maß zur Nervensäge als irgendein Mann, außer Unser Vater hat ihn völlig in der Hand. Umgekehrt muss ein Mann meist sehr lange im FEindeslager gelebt haben, ehe er von sich aus unternimmt, anderen auch nur so viel an Gefälligkeiten zu erweisen wie eine durchschnittliche Frau womöglich jeden Tag. Indem nun die Frau darauf denkt, anderen Gutes zu tun, und der

Mann, anderer Rechte zu respektieren, können beide Geschlechter einander, ohne ersichtliche Unvernunft, als radikal selbstsüchtig ansehen – und tun das auch.

Auf diese Verwirrung kannst Du noch draufsatteln. Der erotische Zauber führt bei den Verliebten zu einer gegenseitigen Rücksichtnahme, worin jede Seite *tatsächlich* gern den Wünschen der anderen nachgibt. Außerdem wissen sie, dass der FEind ihnen einen Grad von Nächstenliebe gebietet, der, wenn erreicht, zu derartigem Verhalten führt. Lass sie also dieses Ausmaß an gegenseitiger Selbstaufopferung, das im Augenblick noch ganz natürlich aus der Verzauberung erwächst, als Gesetz für ihr gesamtes weiteres Eheleben festschreiben; wenn der Zauber wegstirbt, werden sie nicht genügend Nächstenliebe haben, um es weiterhin zu erfüllen. Sie werden die Falle nicht merken, denn sie erliegen der doppelten Verblendung, die erotische Anziehung für Nächstenliebe zu halten – und zu meinen, dieser Reiz sei dauerhaft.

Wenn erst einmal eine Art von offizieller, gleichsam legalisierter oder nomineller Selbstlosigkeit als Verhaltensregel etabliert ist, deren emotionale Quellen ausgetrocknet sind und deren geistliche Quellen noch nicht fließen, ist das Ergebnis höchst vergnüglich. Bei jeder Erwägung eines gemeinsamen Unternehmens wird es zur Pflicht, dass A zugunsten von Bs vermuteten Wünschen und gegen seine eigenen argumentiert, und dass B umgekehrt dasselbe tut. Es ist häufig unmöglich, noch herauszufinden, was jeder von beiden eigentlich möchte. Mit etwas Glück tun sie schließlich, was keiner von beiden will. Dabei fühlen sie sich jeweils innerlich vor Selbstgerechtigkeit leuchten, empfinden insgeheim, für die erwiesene Selbstlosigkeit nun aber wirklich eine zuvorkommende Behandlung verdient zu haben, und hegen einen verhohlenen Groll gegen den anderen, weil der das Opfer so selbstverständlich angenommen hat.

In einem späteren Stadium kannst Du Dich an etwas wagen, das man die Große Altruismus-Konflikt-Illusion nennt. Dieses Spiel wird am besten mit mehr als zwei Teilnehmern gespielt, etwa in Familien mit erwachsenen Kindern. Jemand schlägt etwas vor, das an sich ziemlich belanglos ist, etwa im Garten Tee zu trinken.

Eines der Familienmitglieder macht sorgfältig (wenngleich nicht in vielen Worten) deutlich, dass es das lieber nicht möchte, aber natürlich aus „Selbstlosigkeit“ auch dazu bereit sei. Die anderen nehmen umgehend ihren Vorschlag zurück – dem Anschein nach aus „Selbstlosigkeit“, in Wahrheit aber, weil sie vom ersten Sprecher nicht als Marionetten für seinen billigen Altruismus missbraucht werden wollen. Der wiederum will nicht aus seinem Selbstlosigkeits-Rausch gerissen werden. Er besteht darauf zu tun, „was die anderen wollen“. Die insistieren, seinen Willen zu tun. Die Gefühlswellen schlagen hoch. Bald sagt einer: „Na super! Dann halt gar keinen Tee für mich“, und es folgt ein richtiger Streit mit großer Erbitterung auf beiden Seiten.

Siehst Du, wie man das einfädelt? Wäre jede Seite frei heraus für ihren eigenen Wunsch eingetreten, wären alle im Rahmen von Vernunft und Höflichkeit geblieben. Weil aber die Standpunkte vertauscht sind und jede Seite für die Sache der anderen kämpft, bleibt ihnen die gesamte Verbitterung von vereitelter Selbstgerechtigkeit, Verbohrtheit und dem angesammelten Groll der letzten zehn Jahre verborgen hinter der offiziellen und rein nominellen „Selbstlosigkeit“, mit der sie handeln oder durch die sie sich zumindest entschuldigt fühlen. Jede Seite ist freilich sehr sensibel dafür, wie wenig der Altruismus der anderen wert ist, und für die schiefe Position, in die sie damit manövriert werden soll. Aber jede bringt es fertig, sich untadelig und missbraucht zu fühlen, und zwar ohne größere Unehrlichkeit als unter Menschen üblich.

Ein sehr verständiger Mensch hat mal gesagt: „Wenn die Leute wüssten, wie viel böses Blut Selbstlosigkeit hervorruft, würde sie nicht so oft von den Kanzeln gepredigt“, und bei anderer Gelegenheit: „Sie ist die Art Frau, die für andere lebt: Man erkennt die anderen immer am gejagten Gesichtsausdruck.“

All das kann schon in der frühesten Beziehungsphase angebahnt werden. Ein bisschen echte Selbstsucht bei Deinem Klienten ist oft langfristig weniger wertvoll für die Übernahme seiner Seele als das erste Aufkeimen dieser komplexen und selbstbewussten Selbstlosigkeit, die sich eines Tags zu dem von mir Beschriebenen auswachsen kann.

Ein bisschen gegenseitige Falschheit, ein bisschen Erstaunen darüber, dass das Mädchen nicht immer bemerkt, wie selbstlos er gerade ist, kann jetzt schon eingeschmuggelt werden. Hege und pflege diese Dinge und lass sie vor allem die jungen Dummköpfe nicht merken. Falls sie es doch tun, sind sie schon dabei zu entdecken, dass „Liebe" nicht ausreicht, sondern dass Nächstenliebe notwendig und noch nicht erreicht ist und dass kein äußeres Gesetz an ihre Stelle treten kann. Wenn Šleimgleißner nur was tun könnte, um das Gespür der jungen Frau für das Lächerliche zu untergraben!

LG, Onkel Malfluenzer

27. ☒ Beten, Betteln und das Wetter

Lieber Warzwurm,

sonderlich gut läuft es ja bei Dir offenbar derzeit nicht.

Natürlich ist es naheliegend, die „Liebe" Deines Kunden dafür zu nutzen, sein Denken vom FEind abzuziehen; aber Du zeigst, welchen äußerst stümperhaften Gebrauch Du davon machst, wenn dieser gesamte Komplex seiner Zerstreutheit und rastlos schweifenden Gedanken – wie Du schreibst – zu einem Hauptthema seiner Gebete geworden ist. Will sagen: Du bist weitgehend gescheitert.

Denn wann immer diese – oder irgendeine andere – Ablenkung ihm durch den Kopf geht, solltest Du ihn ermutigen, sie mit schierer Willensanstrengung wegzustoßen und dann eine Fortführung seines Gebets in der gewohnten Weise zu versuchen, als sei nichts gewesen. Sobald er nämlich die Konzentrationsunfähigkeit als sein momentan vordringliches Problem annimmt und eben *das* vor den FEind bringt und zum Hauptanliegen seines Betens und Bemühens macht, hast Du – weit davon entfernt, für uns zu punkten – uns vielmehr geschadet. Denn alles, was ihn im Endeffekt dem FEind näherbringt, auch wenn es eine Sünde ist, geht langfristig auf unsere Kosten.

Aussichtsreich ist dagegen folgender Ansatz: Jetzt, da Dein Klient sich verliebt hat, hat er eine neue Vorstellung von irdischem Glück; daher auch die neue Dringlichkeit seiner ganz aufs Bitten ausgerichteten Gebete – den Krieg und Ähnliches betreffend. Das ist also ein guter Zeitpunkt, um intellektuelle Zweifel an dieser Art des Betens heranzuzüchten. Falsche Spiritualität muss immer bestärkt werden.

Mit dem scheinbar höchst frommen Argument, dass „Lobpreis und Gemeinschaft mit Gott das einzig wahre Gebet sind", kann man die Menschen häufig zu direktem Ungehorsam gegenüber dem FEind verlocken, der ihnen (auf Seine übliche, abgedroschene und langweilige Weise) unmittelbar aufgetragen hat, sie sollten um ihr tägliches Brot und die Heilung ihrer Kranken beten. Dabei wirst Du Deinem Mann natürlich sorgfältig verheimlichen, dass das Gebet um das täglich Brot – auch in einer „spirituellen" Auslegung – letztlich eine genauso primitive Bettelei bleibt wie in jedem anderen Sinn.

Doch da Dein Klient sich schon mit der grässlichen Angewohnheit des Gehorsams infiziert hat, wird er vermutlich solche „primitiven" Gebete fortsetzen, was immer Du auch unternimmst. Aber Du kannst ihm mit dem quälenden Verdacht zusetzen, dass dieses Tun absurd ist und keinerlei objektives Resultat haben kann. Und vergiss dabei nicht das „Kopf: ich gewinne, Zahl: du verlierst"-Argument. Falls das, wofür er betet, ausbleibt, muss das für ihn ein weiterer Beweis sein, dass Bittgebete nichts bringen; falls es eintrifft, wird er zweifelsohne einige von den rein physikalischen Faktoren sehen, die dazu geführt haben, und deshalb „wäre es ja ohnehin passiert". So taugen ein erhörtes Gebet und ein nichterhörtes gleich gut als Beweis, dass Beten insgesamt wirkungslos ist.

Für Dich – als Geistwesen – ist natürlich kaum verstehbar, wie er in diese Verwirrung geraten kann. Aber Du darfst nicht vergessen: Er hält die Zeitlichkeit für eine unhintergehbare Realität. Er nimmt an, der FEind erlebe – wie er selbst – manche Dinge als gegenwärtig, erinnere sich an andere als vergangen und sehe wieder andere als Zukunft vorher. Und selbst wenn er glaubt, der FEind sehe die Dinge anders, hält er das im tiefsten Inneren für irgendeine Absonderlichkeit der Wahrnehmungsweise des FEindes – er denkt nicht *wirklich* (obwohl er das immer behaupten würde), dass der FEind die Dinge schlichtweg so sieht, wie sie sind!

Wenn Du Deinem Kunden zu erklären versuchtest, dass die heutigen Gebete der Menschen eine von zahllosen Koordinaten sind, mit denen der FEind das Wetter von morgen abstimmt, würde er antworten: ‚Dann habe der FEind doch auch immer gewusst, dass die Menschen heute so beten würden; sie hätten also nicht aus freiem Willen gebetet, sondern weil sie dazu vorherbestimmt waren.' Und er würde hinzufügen: ‚Das Wetter jedes einzelnen Tages könne dann in einer Kausalkette zurückverfolgt werden bis zur Schöpfung der Materie selbst, so dass das ganze System – menschlich wie materiell – schon ab dem ersten Wort („Im Anfang …") vorherbestimmt sei.'

Für uns ist natürlich offensichtlich, was der Mann stattdessen sagen sollte: Das Problem, zwischen einer bestimmten Wetterlage und spezifischen Gebeten einen Zusammenhang herzustellen, ist einfach die Form, in der sich – für die menschliche chronologische Wahrnehmungsweise, zu zwei verschiedenen Zeitpunkten – das all-übergreifende Problem darstellt, das gesamte physische Universum mit dem gesamten geistigen in Einklang zu bringen. Die Schöpfung als Ganzheit ist zu jedem Zeitpunkt und in jeder Raumdimension wirksam. Anders gesagt: Die Menschen sind aufgrund ihrer spezifischen Bewusstseinsstruktur gezwungen, den gesamten in sich widerspruchsfreien Schöpfungsakt als eine Reihe sukzessiver Ereignisse zu denken.

Warum dieser Schöpfungsakt Raum lässt für ihren freien Willen, ist das Problem aller Probleme, das Geheimnis hinter all dem „Liebes"-Nonsens des FEindes. Das *Wie* ist dagegen überhaupt kein Problem; denn der FEind sieht nicht *vorher*, dass oder wie Menschen in irgendeiner Zukunft aus freiem Entschluss zur Schöpfung beitragen, sondern ER *sieht* es einfach – in Seinem grenzenlosen Jetzt. Und einen Menschen dabei zu beobachten, wie er etwas tut, heißt zweifellos nicht, dass man ihn zu dieser Handlung gebracht oder darauf festgelegt hat.

Man mag einwenden, dass einige lästige Schriftsteller, vor allem der römische Philosoph Boethius, dieses Geheimnis offengelegt haben. Aber in dem geistigen Klima, das wir inzwischen erfolgreich in der westlichen Welt etabliert haben, braucht uns das nicht zu kümmern. Nur Gelehrte lesen noch alte Bücher, und diese Belesenen haben wir inzwischen so bearbeitet, dass sie von allen Menschen mit der geringsten Wahrscheinlichkeit dadurch zu irgendeiner Weisheit gelangen. Denn wir haben sie auf die ‚historische Perspektive' geeicht (d. h. die Perspektive der ‚historischen Kontextualisierung').

Sie bedeutet, kurz gesagt, dass ein akademisch Vorgebildeter in seiner Beschäftigung mit Autoren der Vergangenheit die *eine* Frage nie stellt: ob, was sie sagen, wahr ist. Gefragt wird, in welchen Traditionslinien ein Autor steht, inwieweit eine seiner Aussagen mit dem übereinstimmt, was er in anderen Quellen schreibt, und für welche Phase seiner Werkentwicklung oder der allgemeinen Geistesgeschichte sie repräsentativ ist, wie oft sie fehlinterpretiert wurde (vor allem von den akademischen Kollegen), welche Deutungsparadigmen dafür in den letzten zehn Jahren verfolgt wurden und was der gegenwärtige Forschungsstand dazu ist. Einen Autor der Vergangenheit als Quelle von Erkenntnis oder Weisheit zu sehen – oder anzunehmen, dass seine Aussagen irgendeinen Einfluss auf das eigene Denken oder Verhalten haben könnten –, würde als ultimativ unbedarft verworfen.

Und da wir die Menschheit als ganze nicht ununterbrochen täuschen können, ist es für uns von zentraler Bedeutung, jede Generation von allen vorigen abzuschneiden. Denn bei einem freien Erkenntnisaustausch zwischen verschiedenen Epochen besteht immer die Gefahr, dass die charakteristischen Irrtümer der einen durch die charakteristischen Wahrheiten einer anderen korrigiert werden. Doch – Unserem Vater und der ‚historisierenden Perspektive' sei Dank! – nähren sich bedeutende Gelehrte heutzutage genauso wenig von Erkenntnissen der Vergangenheit wie der ignoranteste Automechaniker in seiner Überzeugung: „Geschichte ist Quatsch.“

LG, Onkel Malfluenzer

28. ✉ Warum Menschen lange leben sollten

Lieber Warzwurm,

als ich Dich anwies, Deine Berichte nicht mit Gefasel über den Krieg zu füllen, meinte ich natürlich: Keine eher kindischen Schwärmereien über getötete Menschen oder zerstörte Städte!

Zu den faktischen Auswirkungen des Krieges auf den Geisteszustand Deines Klienten verlange ich natürlich detailgenaue Berichterstattung – und darüber schreibst Du geradezu einzigartig grenzdebil: Du erzählst quietschvergnügt, es seien schwere Bombenangriffe auf die Stadt zu erwarten, in der die Kreatur lebt. Wieder ein eklatantes Beispiel für etwas, worüber ich mich schon beschwert habe, dass Du nämlich über der Schwelgerei in menschlichem Leid immer zu schnell die Hauptsache vergisst.

Noch nie gehört, dass Bomben Menschen töten? Und nicht kapiert, dass wir gerade jetzt den Tod

Deines Klienten vermeiden wollen? Er hat sich von den weltlichen Freunden freigemacht, mit denen Du ihn umgarnen wolltest. Er hat sich in eine sehr christliche junge Frau verliebt und ist derzeit immun gegen unsere Angriffe erotischer Verführung; und bisher waren die unterschiedlichsten an ihm erprobten Methoden zur Korruption seines geistlichen Lebens erfolglos.

Zum jetzigen Zeitpunkt, da die volle Wucht des Krieges immer näher rückt und alle innerweltlichen Hoffnungen verhältnismäßig nachrangig werden in seinem Denken, das stattdessen ganz von seinem Einsatz in der Zivilverteidigung und von dem Mädchen erfüllt ist; jetzt, da er gezwungen ist, sich mehr um seine Nächsten zu kümmern denn je zuvor, und daran unerwartet Gefallen findet, da er „über sich selbst hinauswächst", wie die Menschen sagen, und in ihm täglich das Bewusstsein zunimmt, wie sehr er vom FEind abhängig ist – wenn er *jetzt*, heute Nacht, zu Tod kommt, ist er mit Sicherheit für uns verloren. Das ist so klar, dass ich mich schäme, darüber zu schreiben.

Ich frage mich manchmal, ob ihr Jungspund-Ungeister nicht zu lange im Außendienst belassen werdet – ob ihr nicht in Gefahr seid, angesteckt zu werden von den Gefühlen und Werten der Menschen, unter denen ihr arbeitet? Die natürlich neigen dazu, den Tod als das schlimmste Übel anzusehen und das Überleben als das höchste Gut. Aber das ist eine Folge unserer Konditionierung. Wir dürfen nicht unserer eigenen Propaganda aufsitzen.

Mir ist klar: Es klingt absurd, dass im Augenblick unser Hauptziel eben das sein sollte, wofür auch die Geliebte Deines Klienten und seine Mutter beten, nämlich dass ihm körperlich nichts zustößt. Aber so ist es. Du musst ihn hüten wie Deinen Augapfel. Wenn er jetzt stirbt, verlierst Du ihn. Wenn er den Krieg überlebt, gibt es noch Hoffnung.

Der FEind hat ihn vor Dir in der ersten großen Welle der Versuchungen beschützt. Aber wenn er am Leben gehalten werden kann, hast Du die Zeit selbst als Deine Verbündete. Die langen, dumpfen, monotonen Midlife-Jahre von Glück oder Unglück sind eine exzellente Arbeitsatmosphäre. Es ist ja so schwer für diese Kreaturen, *durchzuhalten.* Die Routine der Widrigkeiten; das immer weitere Verwittern jugendlicher Lieben und Hoffnungen; die stumme Verzweiflung (kaum als Schmerz wahrgenommen), nie die chronischen Versuchungen überstehen zu können, mit denen wir sie wieder und wieder bezwingen; die Eintönigkeit, mit der wir ihr Leben durchsetzen, und der sprachlose Groll, mit dem sie dank unserer Anleitung darauf reagieren – all das gibt vortreffliche Gelegenheiten, eine Seele zu zermürben und zum Burnout zu verschleißen.

Sollten sich aber die mittleren Jahre wirtschaftlich als glücklich erweisen, ist unsere Position noch vorteilhafter. Wohlstand fesselt den Menschen an die Welt. Er fühlt, dass er in ihr „seinen Platz gefunden hat", während tatsächlich die Welt ihren Platz in ihm findet. Sein wachsendes Ansehen, sein sich erweiternder Bekanntenkreis, das Gefühl seiner Wichtigkeit, der zunehmende Stress einer anspruchsvollen und angenehmen Arbeit bewirken in ihm das Gefühl, auf Erden zu Hause zu sein – exakt, was wir wollen. Du wirst feststellen, die Jungen sind im Allgemeinen viel eher bereit zu sterben als Leute mittleren Alters und die ganz Alten.

Die Wahrheit ist: Der Feind, der seltsamerweise diese bloßen Tiere für ein Leben in Seiner ewigen Welt bestimmt hat, hat sie ziemlich erfolgreich davor geschützt, sich irgendwo anders heimisch zu fühlen. Deshalb müssen wir unserer Klientel oft ein langes Leben wünschen. Siebzig Jahre sind kein Tag zu viel für die schwere Mission, ihre Seelen vom Himmel loszueisen und sie fest an Irdisches zu verankern. Solange sie jung sind, flitzen sie uns davon immer wieder weg. Sogar wenn wir es schaffen, dass sie von Religion im engeren Sinn nichts wissen, werfen die unberechenbaren Winde von Phantasie oder Musik oder Poesie – das bloße Gesicht eines Mädchens, ein Vogelzwitschern oder der Blick auf den Horizont – unser Lügengebäude immer wieder über den Haufen.

Die Jungen *wollen* sich einfach nicht konsequent um ihr weltliches Vorankommen, um nützliche Verbindungen oder gemäß dem Prinzip „Safety first" bemühen. So eingefleischt ist ihre Sehnsucht nach dem Himmel, dass in dieser Phase unsere beste Methode, sie an die Welt zu fesseln, nur darin besteht, sie glauben zu lassen, dass die Erde früher oder später in das Paradies verwandelt werden könne: mit Mitteln der Politik, Gentechnologie oder „Wissenschaft" oder Psychologie oder was weiß ich noch.

Für effektive Weltverfallenheit braucht's Zeit – und natürlich die Zuarbeit von Stolz, denn wir erziehen ihnen an, das Näherschleichen des Todes als ‚Mündigkeit', ‚Reife' oder ‚Erfahrung' zu beschreiben. Übrigens: „Erfahrung" – in dem ganz eigenen Sinn, den wir ihnen eintrichtern – ist ein höchst nützliches Wort! Ein bedeutender Philosoph der Menschen hat unser Geheimnis beinahe preisgegeben, als er sagte, in Fragen der Sittlichkeit ist „Erfahrung die Mutter des Scheins (d. h. der Illusion)". Aber dank des Wandels in geistigen Moden und natürlich dank der historischen Perspektive haben wir sein Buch größtenteils unschädlich gemacht.

Wie wertvoll Zeit für uns ist, kann aus der Tatsache ermessen werden, dass der FEind uns so wenig davon zugesteht. Das Gros der Menschen stirbt gleich als Säugling, von den Überlebenden sterben viele jung. Offensichtlich zählt für IHn die Geburt hauptsächlich als Befähigung zum Tod und der Tod einzig als Tor zu jener anderen Form des Lebens. Uns wird nur zugestanden, eine ausgewählte Minderheit der Spezies zu bearbeiten, denn was die Menschen „normales Leben“ nennen, ist die Ausnahme. Wie es aussieht, will Er einige – aber nur sehr wenige – von den Menschentieren, mit denen Er den Himmel bevölkert, die Erfahrung machen lassen, uns in einem Erdenleben von sechzig oder siebzig Jahren widerstanden zu haben. Da liegt unsere Chance. Je kleiner sie ist, desto besser müssen wir sie nützen. Was auch immer Du tust, bewahre Deinen Klienten so sicher, wie Du nur irgend kannst.

LG, Onkel Malfluenzer

29. ✉ Zu Risiken und Nebenwirkungen der Feigheit

Lieber Warzwurm,

nun, da feststeht, dass die Deutschen die Stadt Deines Klienten bombardieren werden und dass seine Pflichten ihn im gefährdetsten Gebiet festhalten, müssen wir unsere Strategie überlegen: Setzen wir auf Feigheit oder auf Tapferkeit mit daraus entstehendem Hochmut – oder auf Hass auf die Deutschen?

Es bringt, fürchte ich, kaum etwas, wenn wir versuchen, ihn tapfer zu machen. Unsere Forschungs- und Entwicklungsabteilung konnte bislang noch nicht ermitteln (obwohl Erfolg stündlich erwartet wird), wie auch nur *irgendeine* Tugend hergestellt werden kann. Das ist ein gravierendes Handicap. Für große und effektive Verworfenheit braucht ein Mensch zumindest irgendetwas Tugendhaftes. Was wäre Don Juan ohne seinen Mut oder Al Capone ohne die Loyalität zu den Seinen? Aber da wir derlei Qualitäten selbst nicht herbringen können, können wir nur verwenden, was davon der FEind liefert – und das bedeutet, dass wir IHm sogar bei den Menschen, die sonst am verlässlichsten uns gehören, doch Sicherheitslücken im System lassen müssen. Ein sehr unbefriedigendes Arrangement – aber ich bin zuversichtlich, irgendwann kommen wir darüber hinaus.

Auf Hass verstehen wir uns. Die Nervenanspannung von Menschen in Lärm, Gefahr und Müdigkeit macht sie labil für Gefühlsausbrüche, und es geht nur darum, diese Anfälligkeit in die richtigen Bahnen zu lenken. Wenn das Gewissen Widerstand leistet, verwirre den Klienten. Lass ihn sich sagen, dass er nicht um seiner selbst willen hasst, sondern wegen der Frauen und Kinder, und dass ein Christ zwar seinen eigenen Feinden zu vergeben hat, aber nicht denen anderer Menschen. Mit anderen Worten: Lass ihn sich genau so weit mit den Frauen und Kindern identifizieren, dass er um ihretwillen hasst – aber eben nicht so weit, dass er ihre Feinde als seine eigenen ansieht, denen er vergeben müsste.

Hass kombiniert man am besten mit Angst. Denn Feigheit ist der einzige Charakterfehler, der ganz und gar schmerzhaft ist – scheußlich, wenn man sie vorhersieht, schauerlich, wenn man sie fühlt, und abscheulich in der Erinnerung; Hass dagegen gewährt auch Befriedigung. Er ist deshalb oft die Kompensation, mit der sich verängstigte Menschen für die Not ihrer Furcht schadlos halten. Je mehr sie sich fürchten, desto mehr werden sie hassen. Zudem ist Hass auch ein grandioses Betäubungsmittel für Scham. Um also die Nächstenliebe Deines Klienten tiefreichend zu treffen, musst Du zunächst seine Tapferkeit besiegen.

Das nun ist eine heikle Sache. Wir haben die Menschen auf die allermeisten Laster stolz gemacht, nur eben nicht auf Feigheit. Wann immer wir das fast geschafft hätten, lässt der FEind einen Krieg oder eine Naturkatastrophe oder eine andere Art von Desaster zu, und umgehend wird Tapferkeit so offensichtlich erstrebenswert und wichtig – sogar aus Menschensicht –, dass all unsere Arbeit null und nichtig ist; und es verbleibt weiterhin zumindest ein Laster, für das sie alle echte Scham empfinden.

Deshalb ist es so gefährlich, wenn wir unsere Klienten zur Feigheit verleiten, weil damit zugleich echte Selbsterkenntnis und Selbstverachtung – samt ihren Konsequenzen von Reue und Demut – ausgelöst werden können. Tatsächlich haben im letzten Krieg tausende Menschen, indem sie sich ihrer Feigheit bewusst wurden, die ganze Welt des Moralischen überhaupt erstmals entdeckt.

In Friedenszeiten können wir bewirken, dass viele von ihnen das Thema von Gut und Böse völlig ignorieren. In Zeiten der Gefahr drängt es sich ihnen so auf, dass nicht mal wir sie dafür blind machen können. Darin liegt für uns ein grausames Dilemma. Wenn wir Gerechtigkeit und Nächstenliebe unter den Menschen fördern, arbeiten wir direkt dem FEind in die Hand. Halten wir sie zum Gegenteil an, entsteht daraus früher oder später ein Krieg oder eine Revolution (denn der FEind erlaubt diese Entwicklung), und die dann unverkennbar dringliche Frage ‚tapfer oder feig?' weckt tausende Menschen aus ihrer moralischen Lethargie.

Das ist vermutlich in der Tat einer der Gründe, weshalb der FEind die Welt gefährlich gemacht hat – eine Welt, in der moralische Fragen wesentlich und ausschlaggebend werden. ER sieht so gut wie wir, dass Mut nicht lediglich *eine* der Tugenden ist, sondern die Form, die jede Tugend im Ernstfall annehmen muss – d. h. im Augenblick ihrer höchsten Wirklichkeit. Sexuelle Enthaltsamkeit oder Ehrlichkeit oder Barmherzigkeit, die in der Gefahr nachgeben, sind keusch, ehrlich oder gnädig, aber eben nur bedingt. Pilatus war gnädig, bis es brenzlig wurde.

Deshalb können wir ebenso viel verlieren wie gewinnen, wenn wir Deinen Kunden zu einem Feigling machen. Er könnte zu viel über sich selbst herausfinden! Natürlich gibt es immer die Option, sein Schamgefühl nicht zu betäuben, sondern bis zur Verzweiflung zu steigern. Das wäre ein großer Triumph. Es würde zeigen, dass er nur deshalb an eine Vergebung seiner anderen Sünden durch den FEind glaubte – oder sie anzunehmen fähig war –, weil er deren Sündhaftigkeit nicht in vollem Umfang empfand; und dass er mit Blick auf das eine Laster, dessen gesamtes Ausmaß an Schändlichkeit er tatsächlich begreift, nicht Gnade zu erhoffen oder auf sie zu vertrauen vermag. Aber ich fürchte, Du hast ihn schon zu lange in die

Schule des FEindes gehen lassen. Er weiß, dass Verzweiflung eine größere Sünde ist als alle anderen, aus denen sie hervorgeht.

Zu den konkreten Taktiken, wie man jemanden zur Feigheit versucht, muss nicht viel gesagt werden. Das Wichtigste ist: Vorsichtsmaßnahmen steigern tendenziell die Angst. Die behördlich verordneten Vorkehrungen werden allerdings für den Klienten schnell zur Routine und verlieren diesen Effekt. Du musst deshalb in seinem Denken (parallel zu der bewussten Entschlossenheit, seine Pflicht zu tun) vage Vorstellungen von allen möglichen Dingen herumjagen lassen, die er – *innerhalb* des Rahmens seiner Pflichten – tun oder vermeiden könnte und die ihm ein bisschen mehr Sicherheit zu verheißen scheinen. Bring sein Denken weg von der einfachen Verhaltensregel („Ich habe hierzubleiben und Das-und-Das zu tun") und hin zu einer Reihe von imaginären Lebensverläufen als Rettungsankern („Wenn A einträte – wie sehr ich auch hoffe, dass es nicht geschieht –, könnte ich B tun und, wenn es zum Äußersten kommt, immer noch C"). Da kann Aberglaube geweckt werden, solange er nicht als solcher erkannt wird.

Worauf es ankommt: Lass Deinen Mann fühlen, dass er *etwas* hat – und zwar etwas *anderes* als den FEind und den von IHm geschenkten Mut –, auf das er *zurückgreifen kann.* So wird, was eigentlich eine unbedingte Pflichtwahrnehmung sein sollte, ganz durchsetzt von kleinen unbewussten Vorbehalten. Indem Du ihn eine ganze Reihe imaginärer Schutzmaßnahmen gegen den *Worst Case* ausdenken lässt, kannst Du in ihm vielleicht – auf einer ihm gar nicht bewussten Ebene seines Willens – eine Entschiedenheit erzeugen: Zu diesem Schlimmsten *wird* und *soll* es nie kommen. Dann, im Moment des echten Terror-Schocks, jage ihm diese Vorentscheidung in seine Nerven und Muskeln hinein, und Du kannst vielleicht die fatale Kurzschlusshandlung auslösen, ehe er merkt, was Du planst. Denn vergiss nicht: Feiges *Handeln* ist alles, was zählt. Das bloße Fühlen von Angst ist in sich nicht sündhaft, und obwohl wir es genießen, bringt es uns nichts.

LG, Onkel Malfluenzer

30. ✉ Nicht wirklich … ?!

Lieber Warzwurm,

manchmal frage ich mich wirklich … Du denkst wohl, Du seist zu Deinem privaten Amüsement in die Welt geschickt worden? Ich erfahre – und zwar *nicht* aus Deinem erbärmlich unzulänglichen Bericht, sondern aus dem der Höllischen Polizei! –, dass das Verhalten des Klienten während des ersten Angriffs das für uns denkbar übelste war.

Er war sehr verängstigt, hält sich für einen großen Feigling und fühlt deshalb keinerlei Stolz. Aber er hat in jeder Hinsicht seine Pflicht getan und vielleicht noch ein bisschen mehr. Gegen dieses Fiasko hast Du auf der Habenseite nur zu verbuchen: einen Wutanfall über einen Hund, der ihn ins Stolpern brachte, exzessives Zigaretten-Rauchen und ein vergessenes Gebet.

Was soll Dein „Alles so schwierig"-Rumwinseln mir gegenüber? Wenn Du Dich auf die „Gerechtigkeits"-Idee des FEindes berufst und insinuierst, dass Dir Deine Chancen und Absichten angerechnet werden sollten, dann bin ich nicht sicher, dass gegen Dich nicht eine Anklage wegen Ketzerei fällig ist. Wie auch immer, Du wirst bald merken, dass die Gerechtigkeit der Hölle strikt realistisch und ertragsorientiert ist. Bring uns Fraß oder werde gefressen.

Die einzig brauchbare Stelle in Deinem Bericht ist die, dass Du Dir noch immer gute Erträge von der Erschöpfung des Klienten versprichst. Immerhin etwas. Aber das fällt Dir nicht in den Schoß! Erschöpfung *kann* auch große Warmherzigkeit herbeiführen oder Gemütsruhe oder sogar etwas wie Hellsichtigkeit. Dass Du oft erlebt hast, wie sie Menschen zu Zorn, Bosheit oder Unduldsamkeit verleitete, liegt daran, dass diese Klienten effiziente Versucher hatten.

Paradoxerweise ist mäßige Erschöpfung ein besserer Nährboden für Gereiztheit als völlige Entkräftung. Das ist teils physisch bedingt, teils hat es andere Gründe. Nicht Erschöpfung – einfach als solche – löst Wut aus, sondern unerwartete Anforderungen, wenn man bereits müde ist. Was immer Menschen erwarten, davon denken sie gern und schnell, dass sie darauf auch ein Anrecht haben – und Enttäuschungsgefühle können, mit nur ein klein wenig Geschick von unserer Seite, in ein Empfinden von erlittenem Unrecht verwandelt werden. Erst wenn sich Menschen in das Unvermeidbare ergeben haben, wenn sie nicht mehr auf Abhilfe hoffen und nicht mehr auch nur eine halbe Stunde vorausdenken, beginnen die Gefahren der demütigen und sanften Müdigkeit.

Darum musst Du, um aus der Erschöpfung des Klienten das Beste herauszuholen, ihn mit falschen Hoffnungen mästen. Gib ihm einleuchtende Gründe zu glauben, dass der Luftangriff sich nicht wiederholt. Lass ihn sich damit trösten, wie sehr er nächste Nacht sein Bett genießen wird. Steigere seine Müdigkeit durch den Gedanken „Es ist bald vorbei". Denn üblicherweise fühlen Menschen, dass sie eine Belastung schlicht nicht mehr aushalten können, genau in dem Moment, in dem diese ohnehin endet oder sie das meinen.

Wie bei der Feigheit muss hier vor allem völlige Einsatzbereitschaft oder Hingabe vermieden werden. Was immer er *sagt*, lass seinen inneren

Entschluss *nicht* dahin gehen, zu ertragen, was immer auf ihn zukommt, sondern: es für eine „annehmbare Zeit" auszuhalten; und sorge dafür, dass diese annehmbare Zeit kürzer ist, als die Prüfung wahrscheinlich dauert. Sie muss nicht *viel* kürzer sein. Bei Attacken auf Geduld, sexuelle Enthaltsamkeit oder Tapferkeit ist das ja gerade der Witz, einen Menschen just in dem Moment aufgeben zu lassen, in dem – hätte er das bloß gewusst! – Erleichterung fast in Sichtweite war.

Ich weiß nicht, ob es wahrscheinlich ist, dass er sich während dieser Belastungen mit dem Mädchen trifft. Falls ja, beute es voll aus, dass ab einem gewissen Grad der Erschöpfung Frauen redseliger und Männer schweigsamer werden. Aus sowas kann man viel heimliche Verbitterung heranzüchten, selbst unter Liebenden.

Wahrscheinlich bieten die Schreckensbilder, deren Zeuge er jetzt wird, keinen Stoff, seinen Glauben *intellektuell* anzufechten – das ist Dir nach Deinen bisherigen Fehlschlägen unmöglich. Aber es gibt noch eine emotionale Angriffsmöglichkeit, die versucht werden kann. Als deren Dreh- und Angelpunkt lässt man ihn, wenn er erstmals an die Wand gesprengte menschliche Überreste sieht, fühlen, hier zeige sich die Welt „wie sie *wirklich* ist" und seine ganze Religion sei Einbildung gewesen.

Wir haben, wie Du merken wirst, den Menschen die Bedeutung des Wortes „wirklich" erfolgreich und völlig vernebelt. Von einer großen geistigen Erfahrung erzählen sie: „Alles, was *wirklich* passierte, war, dass man in einem Gebäude unter Festbeleuchtung Musik hörte". Hier meint „wirklich" die bloßen physikalischen Fakten, isoliert von allen anderen Komponenten der Erfahrung, die sie tatsächlich gemacht haben.

Andererseits sagen sie auch: „Ist ja schön und gut, über den Sprung vom 10-Meter-Brett vom Sofa aus zu diskutieren, aber warte ab, bis du oben stehst und siehst, wie es wirklich ist". Hier hat „wirklich" die entgegengesetzte Bedeutung und meint nicht die Fakten, die sie in ihrer Sofa-Behaglichkeit ja schon kennen, sondern die Art, wie diese sich emotional auf das menschliche Bewusstsein auswirken. Beide Verwendungsweisen des Wortes sind vertretbar. Aber unser Job besteht darin, die beiden gleichzeitig im Umlauf zu halten, sodass der Gefühlswert des Wortes „wirklich“ oder „real“ mal auf die eine, mal auf die andere Seite verbucht werden kann, wie es für uns günstig ist.

Die Faustregel, die wir inzwischen bei den Menschen etabliert haben, lautet: Bei allen Erfahrungen, die sie glücklicher oder besser machen können, sind einzig die physikalischen Fakten „real“, alle Elemente des Geistigen dagegen rein „subjektiv“. Bei allem, was deprimiert und böse macht, zählt einzig das Geistige als die primäre Wirklichkeit, und wer diese ignoriert, ist ein Eskapist. Beim Gebären sind also Blut und Schmerz real, die Freude aber eine bloß subjektive Sichtweise. Im Sterben zeigen Hässlichkeit und Grauen, was der Tod „wirklich bedeutet“. Die Hassenswürdigkeit einer gehassten Person ist „wirklich“ – denn im Hass sieht man die Menschen, wie sie sind, und gibt sich keinen Illusionen hin. Die Lieblichkeit einer geliebten Person dagegen ist nur die subjektive ‚rosa Wolke‘, die die realen Motive – sexuelles Verlangen oder wirtschaftliche Erwägungen – verbirgt. Krieg und Armut sind „wirklich“ grauenvoll, Frieden und Wohlstand bloß Faktenkonstellationen, mit denen die Menschen zufällig gewisse Gefühle assoziieren.

Diese Zweibein-Kreaturen machen einander immer den Vorwurf, Unvereinbares zu wollen: „Wasch mir den Pelz, aber mach mich nicht nass!" Dank unseres Einsatzes aber finden sie sich viel öfter in der Zwangslage, den Pelz patschnass zu haben vor Dreck. Bei richtiger Handhabung wird Dein Klient keine Schwierigkeiten haben, seine Gefühlsreaktionen auf den Anblick menschlicher Gedärme für eine Offenbarung des wahrhaft Realen zu halten und seine Gefühle angesichts glücklicher Kinder oder bei schönem Wetter für bloße Sentimentalität.

LG, Onkel Malfluenzer

31. ✉ LG von der Dienstaufsicht

Mein lieber, liebster Warzwurm, mein Schnuckeltroll, mein Schatz, mein Süßerchen,

wie sehr Du mich missverstehst, wenn Du jetzt – da alles verloren ist – wimmernd kommst und mich fragst, ob meine Bekundungen von Anhänglichkeit für Dich von Anfang an nichts bedeuteten! Ganz im Gegenteil!

Sei versichert, die Arten von Liebe, die wir wechselseitig füreinander hegen, gleichen sich aufs Haar. Ich habe Dich immer begehrt, wie Du (elender Idiot) mich begehrt hast. Der Unterschied ist, dass ich der Stärkere bin. Ich nehme an, sie geben Dich mir endlich – oder zumindest einen Happen von Dir. Dich lieben? Aber ja doch. Als einen der appetitlichsten Bissen, an dem ich mich je gemästet habe.

Du hast Dir eine Seele durch die Lappen gehen lassen. Das Geheul des – dadurch verschärften – Hungers hallt derzeit durch alle Kreise des Reiches von Ewigem Lärm bis hinab zum

Thron selbst. Es macht mich rasend, daran zu denken. Wie gut weiß ich, was in dem Moment geschah, als sie ihn Dir wegschnappten! Die plötzliche Klarheit in seinen Augen (nicht wahr?), als er Dich zum ersten Mal sah und erkannte, welchen Teil Du an ihm hattest – und in dem Moment eben nicht mehr. Stell Dir vor, was er da fühlte, und lass das den Anfang Deiner Qualen sein.

Als habe sich Schorf von einer alten Wunde gelöst, als lasse er eine abstoßende schalenartige Krätze hinter sich, als habe er endlich und endgültig ein verdrecktes, nasses, an ihm klebendes Kleidungsstück abgeworfen ... Hölle nochmal, es ist doch peinigend genug, sie in den Tagen ihrer Sterblichkeit zu sehen, wie sie dreckige und unbequeme Kleidung abstreifen, mit kleinen Behagensgrunzern im heißen Wasser herumplantschen und die entspannten Glieder räkeln. Und sich dann gar diese letzte Entäußerung vorzustellen, diese völlige Reinigung!

Je länger man drüber nachdenkt, desto schlimmer wird's. Er ist *durch* – und so leicht! Keine immer dunkleren Vorahnungen, kein Arztbescheid, kein Pflegeheim, kein OP-Saal, keine falschen Hoffnungen weiterzuleben; reine, sofortige Befreiung. Für einen Augenblick schien die Welt ganz unser; das Bombengeheul, die einstürzenden Häuser, der Gestank und der Geschmack von Sprengstoff auf den Lippen und in den Lungen, die Füße zerschunden und brennend vor Erschöpfung, das Herz schockstarr, das Gehirn rotierend, die Beine nur mehr Schmerz. Im nächsten Moment – alles weg! Weggefegt wie ein böser Traum, um nie mehr etwas zu bedeuten.

Besiegter, ausmanövrierter Idiot! Hast Du gemerkt, wie natürlich – als sei er dafür geboren – dieses staubgeborene Gewürm in das neue Leben eingetreten ist? Wie all seine Zweifel mit einem Schlag lächerlich wurden?

O ja, ich weiß, was dieses Geschöpf da zu sich gesagt hat: „Ja. Natürlich. Es war doch immer so. Alle Schrecken sind so abgelaufen, sind schlimmer und schlimmer geworden und haben mich in eine Art Flaschenhals hineingepresst, bis – genau in dem Moment, in dem ich meinte, ich werde zermalmt – da … Siehe! Ich war frei, und plötzlich war alles gut. Die Qual beim Zahnarzt nahm immer und immer weiter zu, und dann war der Zahn draußen. Der Traum wurde Alptraum, dann wachte ich auf. Man stirbt und stirbt – und plötzlich ist man jenseits des Todes. Wie konnte ich daran je zweifeln?“

Wie er Dich sah, sah er auch SIE. Ich weiß, wie das war! Du taumeltest rückwärts, benommen und geblendet, von ihnen stärker verletzt, als er es je von Bomben war. Was für eine Schmach! Dass dieses Ding aus Staub und Schleim aufrecht stehen und mit Geistwesen sprechen konnte, vor denen Du – selbst ein Geist – nur kuschen konntest!

Vielleicht hattest Du gehofft, dass Ehrfurcht und die Befremdlichkeit der Erfahrung seine Freude zunichtemachen würde. Aber das ist der Fluch. Die Engel sind menschlichen Augen fremd und sind es zugleich nicht. Bis zu jenem Moment hatte er nicht die entfernteste Vorstellung, wie sie aussehen würden – und zweifelte sogar an ihrer Existenz. Aber als er sie dann sah, wusste er, dass er sie immer gekannt hatte, und begriff, was sie in vielen Stunden seines Lebens bedeutet hatten, in denen er glaubte, ganz allein zu sein. So dass er nicht fragte „Wer seid ihr?“, sondern sagen konnte, zu jedem Einzelnen von ihnen: „Also Du warst das die ganze Zeit!"

Alles, was sie bei diesem Begegnen waren oder sagten, weckte Erinnerungen. Das diffuse Gefühl von Freunden um ihn herum, das ihn seit seiner Kindheit in einsamen Stunden beherrscht hatte, war nun endlich erklärt; jene Musik im Herzen jeder reinen Erfahrung, die sich seinem Gedächtnis immer gerade entzogen hatte, war nun endlich wiedergewonnen. Erkennen hob ihn in ihre Gemeinschaft auf, fast ehe seine Leiche ganz still lag. Nur Du warst ausgeschlossen.

Er sah nicht nur Sie – er sah Ihn. Dieses Tier, dieses im Bett geborene Etwas, konnte Ihn ansehen! Was für Dich blendend erstickendes Feuer ist, bedeutet für ihn nun kühles Licht, die Klarheit selbst – und hat die Gestalt eines Menschen. Du würdest Dir gern, wenn Du nur könntest, das Sich-Niederwerfen Deines Kunden in jener Gegenwart, seinen Abscheu vor sich selbst und die Vollkommenheit seiner Sündenerkenntnis (ja, Warzwurm, er kennt sie jetzt besser als sogar Du) analog zu Deinem eigenen Keuchen und Deiner Lähmung erklären, wenn

Dich der tödliche Lufthauch aus dem Herzen des Himmels trifft. Aber das ist alles Unsinn.

Schmerzen muss er jetzt vielleicht noch erleiden, aber sie *umarmen* diese Schmerzen. Sie würden sie nicht für irgendein irdisches Vergnügen tauschen. Alle Wonnen der Sinne, des Herzens oder des Geistes, mit denen Du ihn vormals in Versuchung führen konntest, sogar die hohe Freude an der Tugend selbst, erscheinen ihm jetzt im Vergleich nur so, wie jemandem die halb ekelerregenden Reize einer pickeligen Hure vorkommen, der hört: Die wahre Liebe seines ganzen Lebens, die er tot geglaubt hat, *lebt* und steht eben jetzt vor seiner Tür.

Er ist in jene Welt hinaufgeholt, in der Schmerz und Freude ihren Jenseitswert annehmen und all unsere Kalkulationen zunichtewerden. Einmal mehr trifft uns das Unerklärliche.

Der größte Fluch, mit dem wir geschlagen sind – außer mit so desaströs nutzlosen Versuchern wie Dir –, ist die Unfähigkeit unseres Nachrichtendienstes. Wenn wir nur herausfinden könnten, was Er wirklich vorhat! Verdammt, verdammt, dass *Wissen* – in sich so hassenswert und gefühlsduselig – doch notwendig ist für die Machtergreifung! Manchmal lässt mich das fast verzweifeln.

Das Einzige, was mich aufrechterhält, ist die Überzeugung, dass unser Realismus, unser Widersagen noch im Angesicht all der Versuchungen und unser Verwerfen von jedem affigen Schwachsinn und jeder Effekthascherei, am Ende siegen *muss*. Inzwischen habe ich Dich – zur Schadensabrechnung.

So verbleibe ich ergebenst
mit immer rasender mordshungrigen LG
als Nennonkel, d. h. Dienstaufsicht,
Malfluenzer

Anmerkungen zur Übersetzung

Die Hölle, so schreibt C. S. Lewis in einem Vorwort zu einer Ausgabe der *Screwtape Letters* von 1961, sei im 20. Jahrhundert vor allem als eine Art Verwaltungstotalitarismus und radikal böses Wirtschaftsimperium vorzustellen. Entsprechend ist Malfluenzer, der Oberteufel für das 21. Jahrhundert, in dieser Neuübersetzung eine Mischung aus eiskalt kalkulierendem Geschäftsmann und Funktionär einer Diktatur des schrankenlosen Egoismus, der mit einem salopp-flapsigen Stil kokettiert und vor allem wirtschaftliche und militärische Ausdrucksweisen verwendet (das Werk entstand 1942 im Zweiten Weltkrieg und ist auf all seinen Ebenen von Kriegsbildlichkeit durchzogen). Lewis' *„patient"* wird so in der vorliegenden Übersetzung ein „Klient", und die gesamte Übertragung zielt stilistisch darauf, die Bedeutungen des Originals in der beschleunigten und parataktischen Diktion heutiger Korrespondenzen wiederzugeben und sie dabei als Äußerungen eines befehlsgewohnten infernalischen Unter-Staatssekretärs plausibel werden zu lassen.

In Orientierung an einer anderen Äußerung von Lewis (er habe die Namen seiner Teufel vor allem mit Blick darauf geprägt, dass sie widerwärtig klingen sollten) wurden die Höllenfunktionäre hier mit Namen versehen, die im Deutschen möglichst widerwärtige Assoziationen hervorrufen.

Um das Wiederfinden bestimmter Themen oder Argumentationen zu erleichtern, wurden die Mailinstruktionen – während Lewis seine *Letters* nur nummeriert – mit „Betreffzeilen“ versehen.

Redewendungen oder Anspielungen auf Persönlichkeiten und gesellschaftliche und kulturelle Phänomene, die in Lewis' Original auftauchen und aktuell oder hierzulande nicht oder wenig geläufig sind, wurden frei in die heutige Zeit und Sprache übertragen. Diese Passagen werden im Folgenden kenntlich gemacht und zum Teil kurz erläutert:

S. 7: „auf den Trichter gekommen“: In Dantes *Göttlicher Komödie*, die Lewis als eine Inspirationsquelle benennt, hat die Hölle die Form eines Trichters.

S. 13: „Realfaktizität“: Die hochgestochene, aber weitgehend tautologische Wort-Neuprägung markiert das phrasenhaft Pseudo-Philosophische der Haltung des Klienten.

S. 26: „Denk an die Beispielgeschichte des FEindes“: Anspielung auf das biblische Gleichnis vom Verlorenen Sohn (Lk 15,11–32).

S. 28: „„ins Lieben seinen Geist gesammelt““: Die hier im Original erwähnten Zitate aus dem Gedicht *The Pains of Sleep* (1816) von Samuel Taylor Coleridge (1772–1834) wurden in eine Diktion übertragen, die in der deutschen Romantik vorstellbar ist.

S. 48: „von frühchristlichen Splittergruppen … bis zu heutigen … Bischöfen“: im Original: *„from the parties of Paul and of Apollos at Corinth down to the High and*

Low parties in the Church of England". Lewis bezieht sich zunächst auf Apg. 19,1–7 und nennt dann die beiden wichtigsten Strömungen innerhalb des Anglikanismus. Im Deutschen wird das Panorama der Fraktionen breiter gefasst.

S. 48: C. S. Lewis, der im Ersten Weltkrieg als Offizier in Frankreich verwundet wurde, stand christlichen Wehrdienstverweigerern kritisch gegenüber und plädierte stattdessen für eine Verweigerung einzelner menschenrechtswidriger Befehle.

S. 62, 178: „‚historische Kontextualisierung'": siehe hierzu auch Instruktion Nr. 27.

S. 65: „Alles, was in diese Richtung geht, würde Dein Klient vermutlich als ‚radikal' abtun.": im Original *„All that, your patient would probably classify as 'Puritanism'."* Das englische *puritan/puritanical*, ursprünglich ein Spottname für eine radikal reformatorische Bewegung des Protestantismus, hat heute auch zahlreiche Konnotationen eines gesellschaftlichen Stereotyps (der Prüderie, verbohrter Kleinlichkeit etc.). Da im Deutschen kein einzelnes Wort von vergleichbarem Bedeutungsfacettenreichtum existiert, wurde der Begriff in verschiedene Teiläquivalente aufgefächert.

S. 69: „Welt-Junkies": im Original das mittlerweile kaum noch gebräuchliche *„worldlings"*.

S. 72: „verklemmt": im Original *„‚puritanical'"*.

S. 81: „eine Art von Werther": im Original: *„a kind of Childe Harold or Werther"*. Childe Harold ist der weltschmerz-umgetriebene Protagonist von George Byrons romantischem Gedicht *Childe Harold's Pilgrimage. A Romaunt* (1812–1818).

S. 85: „in Flipflops und Shorts“: im Original *„Tripe and Onions“*, Kutteln mit Zwiebeln, ein traditionelles Gericht der Unterschicht (aus dem ländlichen Yorkshire). Die übermächtige Liebe zu diesem Gericht ist laut Malfluenzer mit sozialem Aufstieg unvereinbar. Da das im aktuellen deutschen Kontext von keiner kulinarischen Neigung mehr denkbar ist, wurde stattdessen eine Lebensweise gewählt, die im heutigen Kontext soziologisch Vergleichbares impliziert.

S. 95: „Konzepte wie unbegrenzten Fortschritt, progressive Universalisierung oder Transhumanismus“: im Original *„schemes of thought such as Creative Evolution, Scientific Humanism, or Communism“*.

S. 96: „Die To-dos von morgen zu planen ist eine heutige Pflicht; … “: im Original *„The duty of planning the morrow's work is* today*'s duty; though its material is borrowed from the future, the duty, like all duties, is in the Present.“* Der komplexe Gedanke wird im Deutschen etwas breiter ausgeführt.

S. 98: „Versuch an ihm den Ausdruck ‚mit sich und der Welt zufrieden‘“, im Original: *„try the word ‚complacency‘ on him“*. *„Complacency“* ist bedeutungsreicher als die deutschen Einzelworte „Selbstgefälligkeit“ oder „Selbstzufriedenheit“, denn der englische Begriff meint nicht nur Zufriedenheit mit sich, sondern auch mit der eigenen Situation. Zudem wird er meist in

Warnungen verwendet: Man dürfe sich nicht mit dem Bestehenden zufrieden geben! Diesen – für Malfluenzers Rat wichtigen – Assoziationsreichtum versucht die deutsche Fassung wiederzugeben.

S. 104: „Ich bin ziemlich sicher, neulich bei C. S. Lewis oder jemandem der Art gelesen zu haben": im Original wird hier der französische katholische Philosoph Jacques Maritain (1882–1973) genannt. Die Selbstreferenz der deutschen Ersetzung holt den Text auch literarhistorisch in die Postmoderne.

S. 104f.: „den Unterschied zwischen Luther und Thomas von Aquin", im Original *„the difference between, say Hooker's doctrine and Thomas Aquinas"*. Richard Hooker (1564–1600) war ein anglikanischer Theologe. Der Kirchenlehrer Thomas von Aquin (1225–1274) wird in der katholischen Kirche als Heiliger verehrt.

S. 113: „seit dem ersten großen Sieg Unseres Vaters": eine Anspielung auf die Erzählung vom Sündenfall in Gen 3 als Urszene der verlorenen Unschuld und aller menschlichen Verführbarkeit.

S. 127: „Frauen: sach- und typengemäßer Gebrauch": Die im heutigen Kontext problematischen Aspekte in Lewis' Frauenbild kann man in einer aktuellen Übertragung am sinnvollsten neutralisieren, indem man sie eindeutig als Charakteristikum der nicht nur misogynen, sondern insgesamt menschenverachtenden Perspektive der Teufel markiert. Diese Verschärfung ins Frauen- wie Menschenfeindliche leistet hier Malfluenzers Betreff.

S. 128: „die in der Abwärtsarchie weit tiefer stehen“: im Original „*Lowerarchy*“. Die Lewissche Wortneuschöpfung – als Gegenbegriff zu „*hierarchy*“ (lautgleich mit „*higher-archy*“) – wurde hier sinngemäß nachgebildet: je tiefer im Höllentrichter, desto mächtiger die Teufelsbefehlshaber.

S. 129: „Harte und schräge Musikstile lösen sanfte und romantische ab.“: Die Formulierung des Originals „*The age of jazz has succeeded the age of waltz*“ wurde hier verallgemeinert.

S. 138: „der Gott, der marktbeherrschend mir gehört“: im Original „*the God I have done a corner in*“, eine Variante der Redewendung „*to corner the market*“, die eine Monopolisierung bedeutet.

S. 144: „er hieß irgendwie Njetsche“: im Original „*someone with a name like Pshaw*“, eine Namensverballhornung für den Dramatiker George Bernard Shaw (1856–1950), der sich in seinem Stück *Man and Superman* intensiv mit Gedankengut von Friedrich Nietzsche (1844–1900) auseinandersetzte.

S. 146: „entlang der Linien von Nationalismus, Katastrophismus und Antidemokratismus“: im Original „*Marxian, catastrophic and revolutionary lines*“.

S. 157: Zum „engsten Kreis“ hielt C. S. Lewis 1944 einen Vortrag mit dem Titel *The Inner Ring*, auf Deutsch zuletzt erschienen in: C. S. Lewis, *Das Gewicht der Herrlichkeit und andere Essays*, übersetzt v. Barbara Trebing, Basel 2005.

S. 180: „Geschichte ist Quatsch“, im Original zitiert C. S. Lewis hier den Automobilpionier Henry Ford (1863–1947) mit *„history is bunk“*.

S. 186: „mit Mitteln der Politik, Gentechnologie oder ‚Wissenschaft‘ oder Psychologie“: im Original *„by politics or EUGENICS, or 'science', or psychology“*.

S. 186: „Sittlichkeit ist ‚Erfahrung die Mutter des Scheins (d. h. der Illusion)‘.“ Lewis bezieht sich auf eine Stelle aus Immanuel Kants *Kritik der reinen Vernunft* (1781): „in Ansehung der sittlichen Gesetze aber ist Erfahrung (leider!) die Mutter des Scheins.“

S. 188: „Was wäre Don Juan ohne seinen Mut oder Al Capone ohne die Loyalität zu den Seinen?“: im Original *„What would Attila have been without his courage, or Shylock without self-denial as regards the flesh?“* Attila († 453) war Herrscher und Kriegsführer der Hunnen, Shylock ist eine Figur aus Williams Shakespeares *Kaufmann von Venedig.*

S. 189: „Ihm […] Sicherheitslücken im System lassen müssen“: im Original *„leaving Him a kind of foothold.”*

Dank

Wir ziehen den Hut vor den drei früheren Übersetzern, denen deutsche Leser schon seit Jahrzehnten eine Kenntnis dieses Lewis'schen Werks verdanken: Henry Doebeli und B. D. Bilten (1944), Doebeli mit seiner überarbeiteten Version (1958) sowie Christian Rendel (1995). Ihre Pionierarbeiten dienten uns als hilfreiches Korrektiv. Der größte Glücksfall für unseren Ansatz war, dass wir die einfühlsame Mit-Phantasie unserer Lektorin Dr. Johanna Oehler finden durften – durch sie konnte unser Text das werden, was er sein sollte und ist. Unschätzbare Exorzismen für Zweifelsstellen des Originals verdanken wir den Dichtern und beeindruckenden Lyrik-Übersetzern Dr. Richard Dove und Kevin Perryman. Die Lyrikerinnen und Lyriker Dr. Mara-Daria Cojocaru, Christel und Armin Steigenberger und Siegfried Völlger kennen sich in der Abwärtsarchie des Höllenpersonals bestens aus und halfen uns die Namen unserer Protagonisten zu identifizieren. In Reinhard Böttcher und Hedwig Kamereck fanden wir unermüdlich geduldige Zuhörer. Unser wärmster Dank gilt Dr. Johannes C. Leuschner: Ohne ihn und seinen historisch-theologisch kundigen und nie erlahmenden klugen Zuspruch, der uns die teuflischsten Übersetzungsvertracktheiten lösen half, würde dieses Buch nicht existieren.

Inhalt